人气女孩的会话秘诀

口才修炼

刷刷 著

希望出版社

图书在版编目（CIP）数据

人气女孩的会话秘诀：口才修炼 / 刷刷著.
太原：希望出版社，2025.3. -- (女生成长小红书).
ISBN 978-7-5379-9351-7

Ⅰ．H019-49

中国国家版本馆CIP数据核字第2025K972U3号

RENQI NÜHAI DE HUIHUA MIJUE　KOUCAI XIULIAN

人气女孩的会话秘诀　口才修炼

刷 刷 著

出 版 人：王 琦	美术编辑：安 星
项目统筹：翟丽莎	封面绘图：赵倩倩
责任编辑：翟丽莎	装帧设计：安 星
复　 审：张晓晴	责任印制：李 林
终　 审：王 琦	

出版发行：希望出版社

地　　址：山西省太原市建设南路21号

开　　本：880mm×1230mm　1/32　　印　　张：5.5

版　　次：2025年3月第1版　　　　印　　次：2025年3月第1次印刷

印　　刷：山西基因包装印刷科技股份有限公司

书　　号：ISBN 978-7-5379-9351-7　定　　价：29.00元

目录

做个开朗的女生

1

大胆地张开嘴巴说话，大胆地敞开心扉，与人、与世界交流吧，放飞那个活泼、开朗的自己。

妈妈是小梦生活中的一把大伞，无论何时，只要跟在妈妈身后，小梦便觉得好安全。妈妈为小梦遮风挡雨，小梦时刻都离不开妈妈。

"小梦，这位是王阿姨，快说'王阿姨好'！"妈妈在路上遇到熟人，热情地和熟人打招呼，"小梦，叫人呀！"

每次遇到这种情况，小梦总是低着头，一声不吭。

王阿姨微笑地看着小梦，等小梦开口。可是小梦就是低着头不吭声，弄得妈妈和王阿姨都很尴尬。妈妈只好抱歉地说："这孩子自小性格内向，不爱说话。"

小梦似乎不愿意和人说话，如果别人不主动和她说话，她绝对不会开口。渐渐地，小梦不仅不爱说话，还有些害怕和人说话了。

你可能以为小梦在外面不爱说话，在家应该很爱说吧？错！小梦在家也是一个闷葫芦。

有一次，爸爸问小梦关于她同学的情况，问了好几遍，小梦就是不愿意开口。爸爸无奈地叹气道："这孩子，越大越不爱说话了！"

妈妈在一旁直摇头："有什么办法能让小梦不再沉默呢？"

在学校里，小梦是最不爱说话的人。课间休息，当女生们围在一起叽叽喳喳地闲聊时，小梦却一个人对着窗外发呆。

新学期开学那天，班里多了一个陌生的男生——转学来的小景。这个男生很快引起了小梦的注意。"哇，他的口才好棒！"每当小梦看见小景和同学滔滔不绝地聊天时，她便很羡慕。在一次辩论会上，小景不但口若悬河，还引经据典地打败对手。

从此，小梦不但羡慕小景，还对他佩服得五体投地。

这一天的科学课上，老师把小梦和小景安排在一个观察小组，这让小梦开心得差点跳起来。

科学课第一阶段的任务是观察种子的发芽和成长。小梦每天都要去观察台看瓶子里的豆子和其他种子的生长情况。小梦虽然不爱说话，但是她特别细心，这类观察课最能发挥她的特长。小梦的细心记录和观察，博得了小景的赞赏。

"哇，你记录得可真详细！"小景看着小梦的记录本说。什么时候晒太阳、什么时候加水、晒了多久太阳、加了多少水，小梦全部细致地记录下来。

"谢谢！"小梦听到小景的赞扬，羞涩地道谢，心底十分快乐。

小梦喜欢和小景一起观察植物生长，因为小景会跟她聊很多好玩的事情。有一次，他说了个笑话，逗得小梦笑得直不起腰。

和小景在一起很开心，小梦很想和小景畅所欲言，可是，她和小景每次的对话都不会超过三句。

越想和小景说话，小梦就越紧张。她常常对自己说，在小景众多的朋友中，她是最不起眼的一个，学习成绩一般，相貌平平，最要命的是，不擅长表达。

小梦对自己进行了全面分析：要和小景对话，至少要有可以和他交流的话题，首先应该把自己的学习成绩提上去。

小梦的努力，小景看在眼里，他会经常把学习笔记借给她看，而这些都成了小梦奋斗的动力。

期末考试的时候，小梦整夜整夜睡不着，那些天，她的脑子昏昏沉沉的。

考试结果出来后，小梦吓了一跳，成绩不但没提高，还不如以前了。

小梦回到家后痛哭不止。

从那以后，小梦都是远远地看着小景，觉得自己和小景的距离越来越远。

小梦整天像梦游一般，机械地往返于学校和家之间，和谁也不说话。上课的时候，她总是发呆，老师找家长谈了好几回，可无论爸爸妈妈说什么，她还是老样子。

上了初中后，学习越来越紧张，可小梦一点儿也不着急，她依旧在课堂上发呆，成绩一直徘徊不前。

妈妈拉着她的手，流着泪说："小梦，你到底是怎么了，怎么总是这样闷闷不乐的？是不是爸爸妈妈给你的压力太大了？你要放轻松一些，总是闷着，身体会受不了的。"

小梦心里酸酸的，她觉得连妈妈也不懂她的心，她在这个世上太孤单了……小梦感觉自己就像生活在玻璃瓶里，她和外面的世界隔绝了。

突然有一天，小梦收到一封信，信封的落款处写着"小景"两个字，她好奇地打开了信。

小梦：

你好。当你收到这封信的时候，我就要离开这里，去一个陌生的城市了。前几天，你妈妈来找过我，想让我劝劝你……

我觉得你很像以前的我呢。想来想去，我决定给你写一封信，把自己的秘密告诉你，你一定要为我保密！

我不知道从哪里说起，我觉得，和我一起做科学实验的那个细心勤奋、乐观努力的女孩，是闪闪发光的。

滔滔不绝

夸张

赞赏

我不知道你是怎么想的，但是，我希望你能在心里亮起一盏灯，把你心里想的都大声说出来。

你可能想象不到，现在能说会道的我曾经也和你一样。

哈哈，很意外吧？这就是我要告诉你的秘密。

那时候，我只要一张嘴说话，就会很紧张、很害怕。久而久之，我就越来越不想说话了，就像现在的你一样。

后来，有一次我看了一部电影，电影中的主人公和我很像，但他一直克服自己的弱点，努力苦练口才，终于自信满满、口若悬河……

哈哈，电影是有些夸张。不过我从中得到启发：口才是可以练出来的，于是，我找了一些练习说话的

书，一个人对着墙壁苦练。

不到一年的时间，我变得越来越自信，也敢于和别人交流了，很多人都用佩服的目光望着我呢。

加油吧，小梦，我相信你一定也可以做到！等下回我们见面的时候，我们来一场即兴辩论，如何？嘿嘿，好期待！

你永远的好朋友：小景

看完小景的信，小梦不由自主地露出了笑容。

小梦心想：他曾经也不愿意讲话？怎么从来没有告诉过我呢？小景说得没错，我应该为自己在心里亮起一盏灯。

从那以后，小梦变得自信起来。她相信，小景能做到的，她也一定能够做得到。不然怎么做小景的好朋友呢？

刷刷姐姐
有话说

让自己变得开朗、健谈

进入青春期后，有些女生会变得沉默、不愿意与同学交往，甚至会躲避同学。为什么会这样呢？

这是因为有些女生从小就是家庭的中心，她们的各种需要总是能够无条件得到满足。家里所有的人都让着她们，她们不需要和别人商量、协调，慢慢地，就变得越来越自我。

还有一些女生是因为经历过交往失败的打击，所以变得沉默寡言，比如曾经被同伴欺负过，就不愿意再与同伴交往。她们采取回避的方式，目的在于保护自己免受伤害。

当然，也有一些女生是受自身性格的影响，天生比较内向，不愿与人打交道。

不管出于什么原因，如果你发现自己不善言辞，就要想办法尝试着改变。刷刷姐姐给你提供一些练好口才的建议：

首先，让自己变得开朗，学会大胆、主动、积极地与别人说话，起初可能会不适应，多说几次自然就不怕了。

说话紧张的时候，要想办法使自己放松：静静地深呼吸，使心平静下来；保持微笑，不但能缓解紧张情绪，还能给人带来愉快的心情，所以要尝试多微笑。

平时要留心观察别人谈论的话题，了解哪些是吸引人的话题、哪些是无法吸引人的话题。与人交谈时，便可以讲一些能引起别人兴趣和共鸣的话题。

有了话题，还得有谈下去的内容。内容来自生活，来自你对生活的观察和感受。

其次，要多看书，多参加户外活动，为自己创造更多与人沟通交流的机会，性格慢慢地变得开朗的同时，你的阅历也会丰富起来。

再次，多去听讲座、辩论赛、英语口语比赛以及演讲等，学习别人的表达方式。一个人积累的信息多了，知识就会丰富起来。那么，当他和别人沟通的时候，他在语言表达方面的储备就能显现出来，表达的内容也就多了。

最后，自信很重要。你要相信自己，也要敞开心扉。随着时间的推移，你会发现自己越来越开朗，越来越健谈了！

女生小攻略

练就好口才

想要练就好口才吗？那就一起来学学下面的方法吧！

1. 大胆模仿

你若不敢说话，不妨先从模仿做起。找一些演讲音频或视频，最好是你喜欢的播音员的，边听边模仿，这样你既能陶醉于优美的语言情境中，又能体验到语言的神奇魅力。模仿时要注意矫正自己的发音。坚持下去，你的语言表达能力就能有所提高了。

2. 大声朗诵

大声朗诵，如入无人之境。要多朗诵古今中外的名篇。朗诵时抑扬顿挫，声情并茂，不但能训练口语表达能力，使声音流畅悦耳，还能陶冶情操。

3. 面壁试讲

倘若不敢在人前说话，不妨在无人处面壁说话。可以模仿电影、电视剧中的经典情节，自说自演，自我欣赏。这样的训练其实是为脱稿演讲打基础，久而久之，你就能形成自己的说话风格。

4. 主动交流

在公众场合，要打破被动局面，主动与他人说话，就得先学会接着别人的话题往下说，或者独辟蹊径，引起别人的注意。平时，在家要充分利用家庭这个说话阵地，主动与父母、兄弟姐妹进行交流。积极说话，不要害羞，也不要怕说错话。从涨红着脸结结巴巴开始，到气定神闲、娓娓道来，这当中没有跨不过去的坎。只要多主动交流，就能够提升自己的口才。

5. 积极发言

上课时积极举手发言。在老师审视的目光和同学们的关注下，发言是难得的训练口才的机会，不要只说一句话，要罗列一个句群，言简意赅地表达。即使说错也不要紧，演说家也是通过一点一滴的积累与训练造就的。

6. 参加辩论赛

辩论时，智慧瞬间闪光在话语之中。平时要注意知识的积累，辩论时就能引经据典，侃侃而谈。辩论要注意语言的冲击力，于舒缓中见锋芒，于狂放中显冷静。所以，多参加辩论赛，不仅能锻炼自己的口才，还能训练自己的反应能力。

7. 把握逻辑

要练就好口才，把握逻辑至关重要。缜密的逻辑思维能在瞬间组织起严密的句群，使语言具有强大的穿透力。

2 甜美女生的秘密武器

如果你拥有过人的才华和聪慧的头脑，再加上较好的口头表达能力，你就能在学习和生活中如鱼得水，成为人见人爱的女生。

妍子的个头不高，身材瘦小，常常扎一个高高的马尾，露出光亮的前额，再配上一副黑色边框的眼镜。这样的女生，回头率一定不会高。

但是，妍子拥有"甜美女生"的美誉，不管是男生还是女生，都很喜欢她。

妍子是不见其人，先闻其声的那类女生。你听，她银铃般的声音传了过来："扬扬，你的裙子真漂亮，远远地我就看见了。"

虽然扬扬已经习惯了妍子的赞美，但是听到这句话的时候，她的心里还是乐开了花。

"算了吧，在你妍子的嘴里，就没有不漂亮的衣服。"

妍子扬起嘴角，露出她招牌式的甜美微笑，说："我说的是真的，不仅仅是裙子款式漂亮，这颜色还特衬你的皮肤，你看起来白了很多呢！"

"真的吗？"扬扬最终还是没能抵挡得住妍子送来的"糖衣炮弹"，情不自禁地去摸自己的脸。妍子笑着点头说："当然！"

"我算服了你了，小嘴怎么会这么甜呢！"扬扬假装要摸妍子的嘴，妍子赶紧笑着跑开了。

"哼，嘴甜能当饭吃啊！"一直跟在她们身后的大眉不服气地说。

大眉的性格比较孤僻，她不但对谁都很冷漠，还特看不惯妍子这样的人。妍子和扬扬的对话，在大眉听起来就是发嗲，酸得人牙痛。

大眉的话刚好被扬扬听见了，

她回头看了一眼大眉，说："别在背后说人坏话，有本事你也'甜'一个听听。"

"我？哼，我才不要说那样肉麻的话！"大眉坚决地说。

"咱俩在这里争来争去也没意思，懒得和你这样的人说话。"扬扬脖子一扭，大步去追妍子了。

身后，大眉还不依不饶地喊道："我这样的人怎么了？比你们那样的人强多了，马屁精！"

冤家路窄，早上"开战"过的扬扬和大眉，中午的时候，又在公交车站遇上了。

看大眉站在那里，扬扬对妍子说："瞧，又碰到她了。"

"怎么啦，你怕她啊？"妍子好奇地问。

"谁怕她呀，只不过，我们早上才争吵过，现在又碰上了。真是冤家路窄呀！"扬扬无奈地说。

"大清早，你和她吵什么呀？"妍子问。

"哼，还不是为了你！"扬扬说。

"为了我？"妍子更加奇怪了，问道，"怎么会为了我呢？"

"她在背后说你的坏话呢，刚好被我听到了。"扬扬说。

"你啊，就是太在意别人的评价，让她去说好啦！"妍子竟然完全不在乎，"走啦，车来了，咱们赶紧上车吧。"

扬扬和妍子跟在人群后，好不容易挤上了公共汽车，扬扬抬头一看大眉竟然就在眼前。

扬扬装作没看见大眉，在书包里翻找起公交卡来。

倒霉
佩服
挤眉弄眼

"呀，我的公交卡不见了。"扬扬在妍子耳边悄悄地说。

"我的也不见了，"妍子惊讶地说，"惨啦，我身上连一分钱的零钱也没有。"

"我也没有，"扬扬摸了一下口袋说："对了，我想起来了，一定是刚才我们换卡套的时候，把卡落在教室里了。"

妍子点点头，突然发现了眼前的大眉，立刻微笑着说："大眉，你身上有零钱吗？借两块给我们吧。"

没想到大眉连看都没看妍子一眼，就说："没有！"

其实，这时候的大眉正在心里偷着乐呢：看你们两个人怎么办！

妍子索性不找了，对着公共汽车的司机说道："呀，叔叔，怎么又是您的车呀！我们几个最喜欢坐您的车了，都说您是131路最好的司机呢！"

"好了，别给我戴高帽啦，"司机一下子就听出了妍子的意思，说，"又忘了带卡吧？进去坐下吧，下次记得补上。"

妍子心花怒放地看了一眼扬扬，接着，皱着眉头说道："叔叔，真不好意思，我们两个都没带卡。"

司机一听，心里有些不高兴了，神情一下子变得严肃起来："一个人忘带也就算了，两个人都忘带，这就有点难办了。你们就不能跟同学借点零钱吗？"

妍子吐了吐舌头，说道："叔叔，真对不起，我们不是故意的，您瞧我们天天坐您的车，算是老朋友了，您就通融一下吧，下回我们一定补上。"

"好啦，你这个小姑娘，就是会讲话。"司机忍

不住笑了起来，然后从衣服口袋里摸出零钱，给妍子递过来，"给，我先帮你们垫上，快去坐好吧。"

"谢谢叔叔，您真好！"

妍子一边道谢，一边拉着扬扬走到车厢里面。整个过程，大眉看在眼里，她心里不自觉地开始佩服起妍子来：这丫头的口才还真不赖呢，看来，会说话的人就是讨人喜欢一些。

扬扬得意地朝大眉挤眉弄眼，大眉则把头转向了窗外……

刷刷姐姐
有话说

提升表达力

如果你拥有过人的才华和聪慧的头脑，再加上较好的口头表达能力，你就能在学习和生活中如鱼得水，成为人见人爱的女生。下面是提升表达力的方法：

首先，要学会使用礼貌用语。

常见的如"谢谢你""对不起""请"等，它们看起来很简单，如果使用恰当，对调剂人际关系会起到意想不到的作用。

无论别人给予你的帮助是多还是少，你都应诚恳地向对方说声"谢谢"。恰当地运用"谢谢"一词，会使你的话语充满魅力，使对方备感温暖。道谢时要注意对方的反应，当对方对你的感谢感到茫然时，你要用简洁的语言向他说明致谢的原因；对他人的道谢要及时回复，回复时可以说"没什么，别客气""我很乐意帮忙""应该的"等；在公共场合学会向人道歉，是防止双方产生紧张关系的一剂良药。

比如：在公共汽车上不小心踩了别人的脚，说一声"对不起"即可消除对方的不快；道歉时最重要的是有诚意，没有诚意的道歉可能不起作用；道歉要及时，犹豫不决会失去道歉的良机。

需要别人帮忙时，说句"打扰一下，你能帮我一下吗"，能体现一个人的良好修养。

另外，需要麻烦他人的时候，"请"字都是必须挂在嘴边的礼貌用语，如"请问""请原谅""请留步""请用餐""请指教""请稍候""请关照"等。使用"请"字，会使话语变得委婉而有礼貌，是比较自然地谦逊有礼的做法。

其次，避免唐突。

很多女生心里明明知道要说礼貌用语，可话到嘴边，又觉得没什么必要，久而久之，就说不出礼貌用语了。

经常有这样的女生，她们会说："我怎么想就怎么说。"把自己的出言唐突当成"心直口快"，还以"直爽"自居。如果在说话的时候不加注意，"直爽"话往往会使听的人感到尴尬，甚至愤怒。

最后，一定要真诚。

嘴甜是好事，但是一定要真诚。一些人为了取悦别人，讲出的话使人感觉很假，像是故意阿谀奉承。

所以，请记得用得体而又真诚的话语与他人交流，努力做一个善于表达的女生。

女生小攻略

常见的礼貌用语

学会使用礼貌用语，可以使话语具有很强的感染力。现在，就让我们一起来学一学。

1. 综合的礼貌用语

"您好""请""对不起""谢谢""再见"等。

2. 见面语

"早上好""下午好""晚上好""您好""很高兴认识您"等。

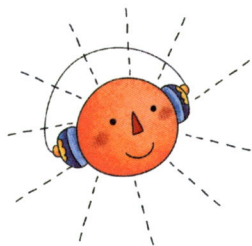

3. 感谢语

"谢谢""让您费心了""麻烦您了""感谢您的帮助"等。

4. 打扰对方或向对方道歉

"对不起""麻烦""请多包涵"等。

5. 接受对方致谢或道歉

"别客气""不用谢""没关系""请不要放在心上"等。

6. 告别语

"再见""欢迎下次再来""祝您一路顺风""期待下次见面"等。

7. 忌语

"笨蛋""你不懂"等。

3 小电话有大学问

接、打电话是一门学问，需要认真学习其中的语言技巧。那些能在电话里展示自己魅力的人，口才一定是很棒的。

"玫玫，妈妈去洗澡了，一会儿要是有电话打进来，你帮妈妈接一下。记得一定要有礼貌，对人说话要客气点。"

"放心吧，没问题！"正在写作业的玫玫满口答应，心想：不就是接个电话嘛，谁不会啊？

没过多久，电话铃声响了起来。

"喂，您好，这里是李老师家，请问您找谁？"接起电话，玫玫满口的礼貌用语，都快赶上专业接线员了。

"你好，我找李老师，她在家吗？"对方问道。

"很抱歉，李老师这会儿不方便接电话，您找

她有什么事？我可以帮您转达吗？"

"你是李老师的女儿吧！真有礼貌，真懂事呀！"对方竟然夸起玟玟来，"回头你告诉李老师，明天上午九点开会啊！"

"好的，我一定转达，再见！"

放下电话，玟玟偷偷地给自己打了个满分十分！你瞧，连电话里的人都表扬她了。

妈妈洗完澡，问玟玟有没有电话，玟玟得意地汇报道："还真的有电话，妈妈真厉害啊，能预感到有电话打来呢！"

"谁来的电话？都说什么了？"妈妈最关心的，还是电话的内容。

"谁打的？我忘了问啦，让我转告您明天上午九点去开会呢！"玟

玫这才突然想起来，刚才太兴奋了，连对方是谁都没问。

"到哪儿开会呢？开什么会？需要准备什么东西吗？"

妈妈一连串的问题，把玫玫问蒙了。

"这些……我……我都没问。"玫玫这才感到大事不妙。

刚才还满脸兴奋的玫玫，现在一下子沮丧了。

玫玫心里好懊恼呀，没想到，接个电话会有这么多要求。

"妈妈，对不起，耽误您的正事了，没想到接电话真不是一件简单的事呢！"

妈妈微笑着拍拍玫玫的肩膀，说："没关系，我打个电话找人问问，然后给你好好讲讲关于接、打电话的事。"

幸好有来电显示，妈妈照着号码回了一个电话，很快就搞清楚所有的细节。

打完电话，妈妈来到玟玟身边，给玟玟削了一个苹果，然后就开始给玟玟讲关于接、打电话的事。

妈妈说："很多人都觉得，接、打电话的时候，对方看不到自己的表情，自己想怎么说就怎么说，说错了也没关系。其实，接、打电话可是有大学问呢。如果你不会接、打电话，和人交往的时候就会产生一些不便。"

玟玟认真地听着妈妈的话。妈妈将了将刚刚洗过的头发，接着说："因为不会接电话，我可是受过教训的。"

"真的吗？"玟玟好奇地问。

妈妈点点头，说："那是我刚上大学时候的事。我出生在农村，那个年代，普通的农村人家里很少

有电话。我上了大学以后，宿舍里装有一部电话，我都不知道怎么用呢！宿舍楼的值班室里也有一部电话。值班室里的宿管阿姨，最重要的任务就是接电话。"

"看来大学的条件不错呢！"玟玟赞叹道。

"后来，我和宿管阿姨成了好朋友。有一次，宿管阿姨正好家里有急事，就把接电话的重任交给了我。守在电话机旁，我别提有多高兴啦，要知道，除了偶尔有你姥爷打来的电话外，我都没怎么接过电话呢。没过多久，就有人打来电话，说是要找李老师。我愣了半天，也没想起哪里有李老师。最后，电话那边的人笑了起来。原来，是和我同宿舍的同学看我坐在值班室里，和我开玩笑呢。连着接了好几个室友的玩笑电话后，我有些不耐烦

了。等电话再次响起的时候，我拿起听筒就劈头盖脸地说道：'你们这样做有意思吗？烦不烦呀！'"

妈妈停了一下，接着说："不过，这一次可不是室友的恶作剧电话，你猜是谁打来的电话？竟然是学校的团委书记。原来团委书记打电话找宿管阿姨有事。"

"妈妈，您挺厉害的啊，敢'教训'你们的团委书记！"玟玟笑着说。

"唉，那次接电话事件后，全校举办了一次电话礼仪大赛，让大家都学习电话礼仪呢！"

玟玟若有所思地点点头："看来，这电话要是没接、打好，很容易产生误会！"

"没错，千万不要小瞧接、打电话，它可是你

若有所思
郑重
劈头盖脸

和他人交往的一扇窗户呢！接电话的时候，一定要先表明你的身份，然后再问清楚对方的身份。如果我当时接电话的时候先搞清楚是谁打来的电话，自然就不会有后面的误会啦。还有，如果不是找你的，一定要问清楚对方有什么事情，需不需要你协助。就像你刚才接到的电话，对方让你转告妈妈开会的事，你就应该问清楚开会的细节，还应该留下对方的姓名和联系方式，这样就算有什么细节你没问，我也可以及时回电话呀！"

"嗯，我知道啦！"妈妈

的话，给玫玫带来很多启发呢。

　　妈妈刚起身准备去洗衣服，忽然想起了什么，又回头对玫玫说："马上就到新年了，妈妈要交给你一项重要任务。"

　　"什么任务呀？"玫玫激动地问。

　　"你给咱们家的亲戚、朋友们每人发一条新年祝福短信。记得一定要自己编写，不要转发别人的，不光接、打电话有学问，这发短信也有学问呢！"妈妈郑重地说。

　　"好的，保证完成任务！"玫玫很高兴地接下了这项重要的家庭任务。

　　我一定能出色完成发短信的任务，玫玫心里想。

刷刷姐姐
有话说

学会得体地接、打电话

电话的出现大大改变了人们的生活方式。人们经常要接、打电话，通过电话与对方交谈大有讲究。

那么，如何得体地接、打电话呢？

首先，向电话微笑吧！ 为什么要向电话微笑呢？对方又不可能从电话那头看见我们的微笑（当然，可视电话除外）。因为微笑是可以通过电话传递的，它能使你的声音充满善意、温度，使电

话对面的人如沐春风。

其次，要掌握好声调，表达出我们的友善。正是因为对方不能从电话那头看见我们的笑容，所以我们的声调就要"担当重任"，表达我们的诚意。也就是说，用声调来准确传达你的友善和热情，不要让你的声音听起来冷冰冰的。

第三，要保证通话内容清楚。接、打电话时，尽量吐字清晰，尤其是涉及数目、时间、地点等通话内容，要特别注意，最好能重复一遍，并且确保对方已经完全听清楚了。

最后，要注意抓重点。也就是说，在电话里谈事情的时候，一定要说清楚事情的重点。很多人会忽略这一点，打电话时没有条理，想到什么说什么。如果是和对方谈重要的事情，繁杂的内容很容易让对方忽略关键的细节，会影响到沟通的效果。

除了上面提到的，

还有一点也要注意!

　　一定要等电话响过两声之后再接。为什么？因为你可以利用这段时间调整自己的情绪，尤其是当你心情不好的时候，一定不要把你的负面情绪带给将要和你对话的那个人。

女生小攻略

女生在电话里的交谈艺术

女生该如何在电话里展示自己的魅力呢？

1. 第一声很重要

想一想，如果电话一接通，你就能听到对方亲切、优美的招呼声，你的心里一定会很愉快吧！在电话中只要稍微注意一下自己的声音就会给对方留下完全不同的印象，同样说"你好"，清脆、悦耳、吐字清晰的声音，就会比生硬、冰冷的声音给对方留下更好的印象。

2. 保持良好的心情

打电话时要保持良好的心情，面部表情会影响说话声音，所以即使是在打电话，也要抱着"对方正看着我"的心态去交流。

3. 端正自己的态度

不要一边吃零食一边接、打电话，对方是能够"听"出你懒散的状态的。如果你接、打电话的时候躺在椅子上，对方听到你的声音就是懒洋洋的、无精打采的；若坐姿端正，你所发出的声音会是亲切、悦耳、充满活力的。因此接、打电话时，即使看不见对

方，也要当作对方就在眼前，尽可能地注意自己的仪态。

4. 认真清楚地记录

帮别人接电话时，电话那头的人说的内容是什么，一定要有简洁的记录。什么时候、什么人、什么地方、什么事、为什么和怎么进行等，记得要问清楚。

5. 挂电话前的礼貌

要结束电话交谈，一般由打电话的一方提出。说一声"再见"，并得到对方回应后再挂电话，不可只管自己讲完就挂断电话。

不随便插话

过分关注自己的感受，就可能不会去顾及别人的真实感受，插话便成为一些人以"我"为中心的一种自我表现与自我保护的方式。

小春长得非常可爱，大大的眼睛、长长的睫毛，说话的声音也特别甜，可奇怪的是，小春在班里并不受欢迎。

为什么呢？原因很简单，就是小春有点霸道。不论说起什么事，她都认为只有自己的说法是对的，容不得别人发表不同的意见，而且总是爱插话。渐渐地，就没有人愿意和小春说话了。

这天，露露和艳艳聊起了补钙的事。

露露说："听说补钙很有用。我有个表姐比我大，可是个头还没我高，最近她妈妈给她买了钙片，她吃了一个月，好像真

的长高了一点呢！"

"不会吧，"艳艳说，"效果这么明显？我听说想要长高，锻炼很重要。"

"我一开始也不太相信，可是那天姑妈来我家和我妈妈聊天的时候，我亲耳听到姑妈这么说。我妈妈很感兴趣，还说想给我也买一瓶钙片试试呢！"露露说道。

"你先试试，"艳艳笑着说，"要是真有用，我也让我妈妈给我买一瓶。你瞧，我都成咱们班个子最矮的了，得加强锻炼才行，不然……"

突然，小春插话道："人能长多高，可都是由遗传因素决定的。什么吃钙片能长高的说法都是骗人的。你那么着急长高，我们一起把你夹在门缝里挤挤吧，说不定会长高。"

"小春，你给我住嘴！"艳艳被小春说得脸都

红了。

"我们正在说话,你插什么嘴呀!"露露不满地说。

"哼,人家一片好心,你们还不领情!"小春佯装生气地说。

"谁要你多管闲事!"艳艳不高兴地说。

"你们走着瞧!"小春这回真生气了,就转身离开了。

看着小春离开的背影,艳艳说道:"她总是喜欢插话,哪儿都有她的事。"

"就是,"露露附和道,"以后我们不理她,看她到哪儿插话。"

下午的体育课上,老师让大家先绕着操场跑三圈热身。跑完之后,大家都累得气喘吁吁,老师就让大家原地休息。

一听说可以休息了,那些原本累得连气都喘不

哈哈大笑
表扬
气喘吁吁

上来的女生，一下子就变得活力四射，三五成群地围在一起说话。

"艳艳，你瞧，我的腿最近好像变粗了！"露露双手抱着自己的腿，苦恼地说。

顺着露露的视线，艳艳发现小春正朝她们走过来。

一看见小春，艳艳索性就把头转向另一边，和露露保持距离，两个人谁都不看谁，仿佛刚才艳艳和露露根本没有说过话。

小春走过来，一下子就发现气氛不太对：原来她们是故意不想理我呢！好吧，你们不理我，我也懒得理你们。小春心里这样想着，便装作没看到艳艳和露露，朝别的女生走过去。

奇怪的是，小春走到哪儿，那儿立刻就会变得

很安静。

男生们看到这奇怪的现象，不知道是谁，竟然编了个顺口溜喊起来："'插话鬼'，爱插话，没人听，气呼呼……"

女生们一听，都哈哈大笑起来。小春心里又急又气，抱着头哭了起来。

老师走过来，狠狠地批评了取笑小春的男生，大家这才不敢出声了。

从那以后，小春就很少在同学们面前说话了。

后来，大家发现了一个现象，小春开始在课堂上变得活跃起来。老师每提出一个问题，问大家"有没有人知道答案"，这个时候，

小春总会踊跃地举手，嘴里还一个劲地说道："我知道，我知道！"

小春怎么会这么喜欢回答问题呢？

原来，那节尴尬的体育课过后，小春回家哭了半天，妈妈询问几次，她才吞吞吐吐地说出了缘由。

后来，爸爸给小春提建议："其实，不怪大家不喜欢你，你应该注意自己的说话方式。总是以自己为中心，打断别人讲话，有谁会喜欢你呢？"

小春想了半天，点点头说："您说的好像有点道理！可是，现在大家都躲着我，就算我想和他们打成一片，有谁愿意理我呢？"

"这倒还真是个问题。"爸爸摸着脑袋想了想，突然说，"你可以先让老师喜欢你，在课堂上主动举手回答问题，多和老师互动。"

爸爸出的主意果真收到奇效，小春很快得到了老师的表扬。

　　有了老师的称赞，小春不仅树立了信心，还在同学中建立起了威信。现在的小春，不会急着表达自己的意见了，她会先做一个认真的听众，等大家都说完了，再发表自己的意见。

　　不久以后，小春的意见成了女生们聊天的总结性发言，因为她的话很有概括性，也很精辟。小春逐渐融入同学们中，可以和大家愉快地聊天了。

刷刷姐姐
有话说

正确对待插话

随意插话是一种不礼貌的行为。但是，并不是所有的插话都令人讨厌。有一种插话就非常有必要，那就是"乒乓效应"似的插话。

什么是"乒乓效应"似的插话呢？具体点说，就是听人说话的一方要适时地提出一些意见，发表一些感想，来回应对方的话。还有，一旦有听漏的地方，或者是不懂的地方，要在对方的话告一段落时，迅速地提出自己的疑问。

比如，在讨论性的课堂上，老师会不时地提出一些问题，让大家参与讨论。这时，一旦你有不明白的地方，等老师停顿的时候，你就可以向老师提问。

如果你有很紧急的事，需要插话时该怎么办呢?

这个时候，不要急躁，可在对方谈话的间隙插话或举手示意，但先要说一句表示歉意的话，比如："对不起，我想插一句。"

如果你插话，感觉有的人不喜欢你，该怎么办呢?

首先，一定不要以为别人躲着你是不喜欢你这个人，他们只是不喜欢你说话的方式而已。

其次，你要努力改变自己的"什么事都要以我为中心"的习惯，多想想别人，多听听别人的意见，因为一个好的听众是十分受欢迎的。

最后，当你想要打断别人说话的时候，你要提醒自己

多给别人一些表达的机会，并从别人的话里找到有用的信息。等别人说完，再发表自己的看法，并注意表达的方式。

如果在生活中总是遇到爱插话的人，你又该怎么办呢？

你可以多给他们一些表达的机会，倾听他们的观点，然后用语言暗示他们，比如："现在我可以说了吗？"

你也可以善意地提醒对方，比如："希望我说话的时候，你不要插话好吗？"这样能提醒喜欢插话者注意自己说话的时机，从而与别人更顺畅地交流。

如果你实在无法忍受对方的插话行为，可以多邀请一些人参与到你们的谈话中，在团队的聊天中大家都发表自己的观点。

女生小攻略

加入交谈的"三少"原则

　　很多女生总是急切地想加入别人的交谈，情急之下，就容易成为插话的人。事实上，要想加入别人的交谈，不妨尝试遵守下面的"三少"原则，以更好地彰显自己的口才并获得好人缘。

1. 少插话

　　当别人分享事情的时候，你不要随便插话。有的女生出于好意，怕对方一个人

讲话尴尬、冷场，时不时地会插上一言半语。如果是为了回应对方的观点，就要等对方停顿的时候简短地回应，千万不要随意插话。随意的插话往往会变成打趣，会让对方认为你并没有认真倾听他讲话，这样的插话对人对己都没有益处。善于表达的人会深入了解谈话的对象，不会随意插话打击对方说话的积极性。

2. 少打断

要让人把话讲完，不要随意打断。对于你的突然打断，别人往往会感觉有压力，甚至气愤。如此一来，正在说话的人可能会选择沉默，谈话也就不了了之。对于爱打断别人讲话的人，久而久之，人们会选择"敬而远之"。

3. 少评论

对讲话的人所说的内容少做评价。有人认为，多说些鼓励、赞美的话是有益的。事实上，表示赞同的话也需要适可而止，过多的赞美到了对方的耳朵里，可能会变成嘲讽。记住，过犹不及，多余评论常常是你好口才的"杀手"。

幽默的力量

几乎每个能说会道的人，都是懂得幽默的。幽默是一个人的学识、才华、智慧、灵感等在语言表达中的闪现，常常能给人们带来欢乐。

✦ ✦ ✦ ✦ ✦ ✦ ✦ ✦ ✦ ✦ ✦ ✦ ✦ ✦ ✦ ✦ ✦ ✦
✦ ✦ ✦ ✦ ✦ ✦ ✦ ✦ ✦ ✦ ✦ ✦ ✦ ✦ ✦ ✦ ✦

"艾拉，听说动物园新来了一批动物，有河马、火鸡，还有羊驼呢，我们明天去看看吧？"小晴提议道。

"好啊，我好久没去动物园了。"艾拉马上表示同意，"对了，咱们也叫上虫虫吧。"

"你是说那个胖胖的虫虫吗？"小晴惊讶地问。

"对呀，就是她！"艾拉说。

"我看还是算了吧，咱们是去逛动物园，虫虫那身体，走几步就要休息，还怎么逛啊？"小晴反对道。

"哎呀，要是没有虫虫，多没意思啊！再说了，咱们反正是去逛，又不赶时间，有虫虫在，保证让你时刻充满力量！"艾拉兴奋地说。

小晴想了想，说："嗯，你说得有点道理。那好，我这就去约她。"

这个名叫虫虫的女孩，为什么这么受欢迎呢？她到底能给小晴和艾拉什么力量呢？

哈哈，虫虫可不是一般人，她是全班的开心果，有她在的地方欢声笑语就不断。对于走累了的人来说，快乐当然是最强大的动力啦！

不过，你别看虫虫现在这么受欢迎，一年前的虫虫和现在比可是判若两人。

上小学后，虫虫渐渐胖了起来。到了五年级的时候，她的体重已经接近同龄女孩的两倍了。

虫虫开始跟不上大家的步伐，走路总落在最后面，集体活动没人邀请她，也很少有人和她聊天。

虫虫觉得自己不如别人，就不敢在大家面前说

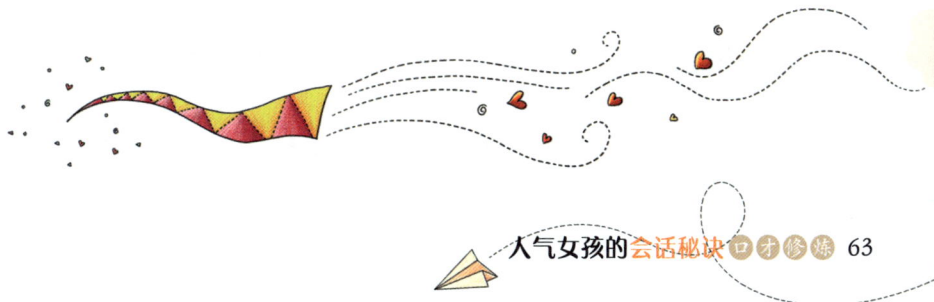

话了。

有一次，在外地工作的舅舅来看虫虫，问虫虫有几个朋友。

虫虫想了半天，也没说出一个算得上是朋友的人，于是，她一直低着头不肯说话。

舅舅似乎看出了虫虫的心思，就问："你是不喜欢和同学们说话吗？只有和同学们多交流，才会交到朋友。"

虫虫点点头，说："我知道呀，可是没人愿意和我说话。"

舅舅问："为什么？因为你胖吗？"

虫虫先点点头，然后又摇摇头，说："因为我太笨拙了。因为我胖，所以行动才变笨拙了。"

舅舅笑着说："你确实是显得比别人笨拙一些，可是你身上有一样东西，并不比别人笨拙啊！"

虫虫吃惊地望着舅舅，问："那是什么呀？"

舅舅指了指虫虫的嘴，说道："就是它呀！"

虫虫恍然大悟地说："对呀，我的嘴可不比别人的笨拙。可是，怎样才能让同学们喜欢和我说话呢？"

舅舅说："很简单，就两个字——幽默。"

虫虫说："嗯，您说得没错，可是我天生不懂幽默呀！"

舅舅微笑着说："没有谁的幽默是天生的。想要具备幽默才能，一需要肚量，二需要训练。你有先天的优势——'肚量'大呀！只需要多多练习就好了，放心吧。"

虫虫看了看自己的肚子，笑了起来："舅舅，您真幽默，我怎样才能像您一样幽默呢？"

"很简单，"舅舅说，"你先从练习说笑话开始，我给你找本笑话书，你每天晚上背一个，第二天讲给同学们听。等你能熟练地讲笑话了，我再教给你

更多的幽默练习法。"

舅舅的话给了虫虫很大的启发。她按照舅舅的说法，背起了笑话。

之后，虫虫每天早上都会给身边的同学讲一个笑话。虽然刚开始的时候，虫虫讲笑话总是先把她自己逗乐，但是，慢慢地，大家开始喜欢上虫虫的笑话了，也开始喜欢虫虫这个人了。

围着虫虫听笑话，成了班里的一道特殊风景。

现在，虫虫不仅能随口讲好几本书上的笑话，还能把自己看到的和听到的很多事以笑话的形式讲给大家听。虫虫变成了班上很受欢迎的人，所以，艾拉才会想到邀请虫虫一起去动物园。

第二天早上，睡完懒觉的艾拉和小晴懒洋洋地来到动物园门口，却发现虫虫早已经等在那里了。

"你来得挺早呀！"艾拉对虫虫说。

"这叫笨鸟先飞！"虫虫一边说，一边还用手比画着飞的样子。

小晴一看虫虫的姿势，忍不住笑了起来，说："我看呀，你这是笨熊先飞吧！"

三个女孩在嬉笑声中走进了动物园，她们都觉得精神百倍。

看见羊驼，虫虫颤颤巍巍地跑了过去，一边跑还一边喊："快来看，这些羊好奇怪呀，脖子怎么这么长啊？"

虫虫把头靠在栏杆边上，朝里面正在望着她的一只羊驼说："来，宝贝，过来一下，告诉我，你妈妈是不是叫长颈鹿啊？"

跟在后面的艾拉和小晴被虫虫的话逗得哈哈大笑。

艾拉学着小羊驼的声音说："我妈妈不是长颈鹿，我妈妈是骆驼。"

幽默
懒洋洋
颤颤巍巍

　　听了艾拉的话，小晴更是笑得直不起腰来。等止住了笑声，小晴对虫虫和艾拉说："你们俩真逗，我这就去告诉动物园的阿姨，让她把你们俩圈起来算了，参观的人一定会比现在的多。"

　　虫虫笑着说："那我们就在里面唱首歌——别看我是一只羊，其实我不是羊……"

　　虫虫的歌声不但惹得艾拉和小晴笑得前仰后合，连周围其他参观的人也被逗乐了，纷纷向虫虫投来赞赏的目光。

　　虫虫知道，是幽默给了她特别的力量，让她变得光彩照人。她相信，幽默的力量一定会伴随她走向更宽广的未来。

刷刷姐姐
有话说

变得幽默风趣的秘诀

几乎每个能说会道的人，都是懂得幽默的。幽默是一个人的学识、才华、智慧、灵感等在语言表达中的闪现，常常能给人们带来欢乐。

怎样才能让自己变得幽默风趣呢？最有效的方法就是"出乎意料"。

人们在说话的时候都有一种心理预测，你说了上一句，对方可能已经在心里预测你下一句将要说什么。如果你所讲的不出所料，对方就可能感到平淡无奇，甚至索然无味；如果你所讲的出其不意，并令对方感到新鲜奇妙，自然就提高了吸引力。

具体如何做到出乎意料呢?

1. 语意突然转向。

比如,有一段相声是这样讲的:

甲:学生胸前的衣兜里插着钢笔。

乙:学习用具,必不可少。

甲:衣兜里插一支钢笔的,是……

乙:是什么人?

甲:是中学生。

乙:插两支钢笔的呢?

甲:是大学生。

乙:插三支钢笔的呢?

甲:是留学生!

乙:那么,插四支钢笔的呢?

甲:那一定是个卖钢笔的!

听完最后这句话,不少观众就会大笑。这段相声的幽默之处,就是利用了听众的心理预测。通过前面的对话,很多人会觉得钢笔插得越多，人的学问就越多，学历也就越高。当演员把数量增到四支时，语意突然转向，出现了反差，出乎意料，但仔细一想，结果又合乎情理。这就是"出乎意料，又在情理之中"的神奇效果。

2. 有意停顿。

本来可以一口气说完的话，有意停顿一下，比如：

甲：我拿工资了，你猜我会怎么办？

乙：交给老婆。

甲：不，存银行……

乙：嗯，这才是男子汉！

甲：然后把存折给老婆。

甲故意将"工资存银行，然后把存折给老婆"这一句话分成两部分来说，从而产生趣味无穷的效果。

女生小攻略

讲好笑话的建议

讲笑话，是幽默的方式之一。让自己成为一个擅长讲笑话的人，不仅能受人欢迎，而且还能提升自己的口才。来看看下面这些建议吧！

1. 别为你的没有经验说抱歉

永远别说"我不是块演讲的料"或"我笑话讲得不好，但我会尽力而为"之类的话，这些话极有可能使你接下来要讲的话效果大打折扣。

2. 不必说清笑话的每一个细节

对于一个笑话来说，只要人物、时间或其他让这个笑话出彩的东西存在就可以。

3. 不要夸海口

如果你答应给听众一颗糖，他们就会期望得到一颗糖。你应避免说"这将是你们听到的最好笑的笑话"或"这个笑话非常好笑"之类的话，而是直接进入正题就可以了。

4. 保持微笑

你的情绪会感染到听众，提早进入兴奋状态，你会更容易获得听众良好的反馈。

5. 扫视全场

每看一位听众，都稍微停留一会儿，扫视全场，同时，也要寻找目光碰撞。

6. 笑话不要太长

要注意笑话内容的关联性，与主题发展要有密切联系。否则，听众很容易疲劳，从而失去兴趣。

7. 留足够的时间给听众

如果你匆忙打断他们的思路，那么你讲的笑话取得的效果就会大打折扣，记住：要留足够的时间给听众品味你讲的笑话。

8. 语速适中

确保听众能听懂你所讲笑话的每一个字，特别是妙言之处。

6 故事大王的绝地反击

大家都爱听故事，成为故事高手能让你成为引人瞩目的人气女生。记住，学会讲故事是我们锻炼口才的必修课。

学校要举办讲故事大赛啦，获得第一名的人，学校将奖励他一千元购书基金呢！

哈哈，这真是个好机会。水儿看中了好多书，正愁没有那么多零花钱去买呢，这可真是"天上掉馅饼"，水儿对第一名志在必得。

为什么水儿对讲故事这么自信呢？

那是因为，水儿从小就特别喜欢讲故事，在幼儿园的时候，连字都不认识的水儿就已经能讲故事啦！当然，那时候水儿能讲故事的秘密，全在图片上呢。每天晚上，水儿都会让爸爸妈妈给她讲故事。有些故事水儿听了几十遍，因此，只要看着图片，她就能讲出来。

在别人看来，水儿可是非常了不

起的呢。亲朋好友经常对水儿讲故事的本领赞不绝口，水儿也一直都认为自己是最会讲故事的人。

报了名之后，水儿开始为选什么故事发愁了。讲大家都知道的故事吧，太没新意了。那讲什么故事呢？哪里有既能打动人又有意义的故事呢？

就在水儿一筹莫展的时候，好朋友阿棹帮她出了个主意："你不是经常看杂志吗？从杂志里选一篇文章，那一定是很多人没看过的。"

"对呀，我怎么没想到呢！谢谢你提醒我，阿棹。"水儿兴奋地说。

提起杂志，那可是水儿的骄傲呢，她平时喜欢看一些哲理性的书，那些富有哲理的文章，令水儿与众不同。

水儿翻出一本新杂志，仔细找了起来。

"就它吧。"水儿终于选中了一篇文章。文章讲的是一个小男孩在寒冷的冬天帮爸爸拉车的故事，的确很感人。

为了取得好的效果，比赛前，水儿把这篇文章背了下来。她无数次地在自己的脑海里想象：当自己从容而舒缓地讲完故事以后，全场爆发出热烈的掌声，然后，校长把属于第一名的花环和奖杯送到她手上。

比赛开始了，水儿被安排在倒数第三个出场。

前面同学讲的，要么是语文课本里的故事，要么是大家都熟悉的故事。听完这些故事，水儿对自己更有信心了。

终于轮到水儿出场了！

水儿慢慢地走上台，开始背诵起自己的故事来。

可是，第一句话刚出口，水儿就紧张起来。台下静悄悄的，水儿说出口的每个字都显得那么怪异。渐渐地，她听不到自己在说什么了，只觉得头越来越大。

突然，水儿注意到台下叽叽喳喳的说话声：啊，原来大家并没有集中注意力听我的故事呢，一定是我的故事不吸引人。

糟糕的是，经过刚才这么一分心，水儿忘词了，她想不起后面是什么情节了。汗珠密密地从她额头上渗出来。停顿了大约十五秒，水儿才勉强继续讲她的故事，最后，她只得到了稀稀拉拉的安慰的掌声。

原本对故事大赛信心满满的水儿惨败，别说拿奖了，她的名次都排到了后面。

水儿失望极了，原来自己并不善于讲故事，反而还讲得很糟糕。

放学后，水儿悄悄地拉住阿棹，问道："阿棹，你实话告诉我，我是不是讲得很糟糕呀？"

阿棹难为情地说："其实还好啦。就是你的声音太小了，我们坐在后面根本就听不到你在说什么。"

"可我感觉自己的声音很大呀！"水儿接着问，"除了声音，还有啥问题？"

"这个，"阿棹想了想，说，"你应该去问语文老师。听说语文老师在上大学的时候可是个演讲高手呢！"

"对呀，我怎么忘了问老师呢！"水儿说道。

水儿正低头思索的时候，突然听到语文老师的声音。

"水儿、阿棹，你们还没回家吗？正好，我要找你们聊聊呢。"

刚说到语文老师，语文老师就来了，真是"及时雨"呢。

"老师，我正想去找您呢，我今天的故事讲得糟透啦！"水儿说道。

语文老师微微一笑，说："你知道自己今天为什么会失败吗？"

水儿综合了刚才阿棹的意见和自己的想法，说："可能是我声音太小了吧。还有，我过于自信了，准备得不充分，故事没有背熟，一紧张就忘词了。"

"看来，你还是没找到失败的真正原因，你说的这些都不是关键。"

"那真正的原因是什么呢？"阿棹好奇地问道。

语文老师说道："失败的原因很简单，一句话，你是在背故事，而不是在讲故事。"

揣摩
热烈
恍然大悟

"背故事？讲故事？"水儿吃惊地说，"它们之间有什么区别吗？"

"区别可大了。"语文老师分析道，"背故事，就是把故事背熟了然后说给大家听，和念故事是一个道理。而讲故事就不同啦，要想讲好一个故事，你必须能够驾驭这个故事。要先分析故事中的人物，然后根据人物的特点，选择不同的语调演说，并反复练习、调整，这样才会讲得精彩。可以说你越是对故事理解得深刻，就会讲得越好！"

水儿叹口气说："这么说，我以前都只是在背

故事，而不是讲故事？"

语文老师点点头。

阿棹恍然大悟："我知道啦，拿奖的同学讲得顺畅，原来是他们已经吃透要讲的故事了呀！"

"你说得很对。"语文老师说，"越是吃透故事，故事讲得就越好，拿奖的可能性就越大。不过，讲一个陌生的、意义深刻的故事也很好，可以出奇制胜，但关键在于，你能不能驾驭这个陌生的故事，有没有完全理解这个故事。"

"我明白了，"水儿说，"其实，对于我选择的那个故事，很多地方我自己都不明白，而且，因为是一个翻译的故事，念起来很拗口，所以我才会忘词。"

"欲速则不达，你现在能明白其中的道理，还不算晚。好好去揣摩和练习，我相信你下一届比赛一定能取得好成绩。"

在老师和好朋友阿棹的鼓励、帮助下，水儿开始为来年的讲故事大赛做准备。

水儿先是从杂志里选出最精彩的故事，然后进行加工、改编，再讲给大家听。

慢慢地，水儿讲故事的本领越来越强。看过的电影和演出，她都能讲得精彩动人，班里的重要活动和同学的事，她会把它们编成好听的故事讲给大家听。

时间过得很快，第二年的全校讲故事大赛又到了，水儿讲了一个关于帮扶农村留守儿童的故事，把大家感动得眼泪直流。

结果，水儿如愿拿到了大赛的第一名，还被同学们封为"故事大王"。接下来，她还要代表学校参加全区的比赛呢！

刷刷姐姐
有话说

做个会讲故事的女生

练习讲故事对提升口才到底有哪些好处呢？

第一，讲故事是一种训练理解和表达能力的方法。比如：把你听到的故事，用关键词串联起来，用生动的情节把它们融为一体，讲述给身边的人听，从而达到提升理解能力和表达能力的目的。

第二，讲故事是和人沟通的方式之一。当你给别人讲故事时，故事里传递的内容就是交流的纽带。通过他人对你所讲故事的反馈，你就可以从中找出自己在表达方面的不足，从而有针对性地弥补。

第三，通过讲故事可以锻炼词语运用能力。把故事讲给别人听，其中有一个语言的组织过程，它需要讲故事的人运用所掌握的语言技能，把自己对所讲故事的认识与见解表达出来。

第四，讲故事会提高你的说服能力。一个善于讲故事的人，一般也是一个善于引导别人思维的人。因为要想把一个故事讲得精彩，他不能只关注自己的感受，还要考虑听众的感受，从而引导听众的思维，即把听众的思维引向故事的主题，使听众对自己所讲的故事感到信服。

对于我们来说，要学会讲故事，具体要怎么做呢？

要学会讲故事，最重要的是要学会把话说明白，叙事有头有尾，把事情的来龙去脉交代清楚，进而练习把故事讲得生动有趣，使人爱听。练习讲故事就像学习功课一样，可以由易到难。

首先，练习复述。就是把书上的，或从别处听来的故事原原本本地讲给别人听。故事情节照搬，人物不变，口气不改，这样学起来比较容易。书上的故事，只要读得用心，记住人物和情节，再多揣摩人物的思想感情，经过若干次背诵后就可复述出来。

其次，练习改编。读了有趣的文章，或观看了电影、话剧等后，对它们进行加工、改编，变成适合口述的故事。如果原作很长，就要对其做一些删减，人物选主要的，情节抓基本的，把原作编成不太长的故事。

最后，练习创作。即自己编故事。从现实生活中选取题材，譬如班级活动、同学中涌现的好人好事等，选取典型人物、典型事例，将其编成故事，讲给大家听。

为了把故事讲得生动有趣，让人喜欢听，还需要很多技巧呢。比如用生动有趣的语言开好头，用巧妙的语言设下悬念，牵动大家的心，用精彩的描述把人物的神采、风貌展现给大家，等等。这些技巧，可以自己揣摩，也可以通过收听广播、读书、看报等，学习、借鉴。

女生小攻略

故事大王养成技能

如何提高自己讲故事的能力及讲故事的吸引力呢？我们总结了一些基本的方法：

1. 举手法则

当有机会发言的时候，一定要积极发言，大胆地举起你的手。

不用去想自己的发言有多么糟糕，不用理会糟糕的发言可能给你带来的尴尬。记住，这是让你进行自我锻炼的一次机会。

2. 抓住开场白

好的开始是成功的一半，别总是拿大家耳熟能详的话作为开场白，新鲜又有趣的语言才能吸引听众。

3. 饱满生动的细节

一个好的故事必然有它的高潮部分，会讲故事的人会在不紧不慢地讲出各个细节后，才引出让人兴奋的话语。不会讲故事的人总是很着急，会跳过那些他们认为听众"应该已经知道"的细节，直接将关键点说出来。

4. 充满趣味

要根据听众的喜好，给你的故事添加不同的趣味性描述。只有抓住对方的兴趣，你讲的故事才会受到欢迎。

5. 别忘了加上肢体语言

讲故事可不单单是嘴巴上的事，肢体语言也必不可少。讲故事的时候，记得让你的动作和表情配合你的话语。

6. 饱满的激情

观众是会被讲故事的人感染的。微笑的你会看见世界在面向你微笑。你看到的世界其实在一定程度上是世界对你的情感的一种反射。你向听众传递正能量，正面的回馈又能激发你的热情，这样就会形成一个好的循环。换句话说，只有用饱满的热情讲故事，听众才会回馈给你饱满的听故事的热情。

妙语连珠的奥秘

说话其实和写文章一样，只有自己积累的知识、素材多了，才能够说出有水平、有见解、有说服力的话。

"小琦，大家在操场上玩游戏呢，就等你了，快去啊！"本来约好了下课后一起去玩游戏的，可等了半天，人都来不齐，玥玥只好去教室里找小琦。

"你们玩吧，我不想去了。"小琦看起来没有一点兴趣。

"为什么呀？不是说好的吗，怎么这么快就改变主意了？"玥玥吃惊地问道。

"哎呀，考试考成这样，哪还有心情玩呢！"

原来，这次小琦考试考砸了，心情糟透了。

玥玥看了一眼小琦的试卷，安慰她说："只是一次考试没考好，有什么关系呢！当你被失败拥抱时，成功可能正在一边等着迎接你呢！走吧，放松一下，大家都在等你！"

听了玥玥的话，小琦的心情变好了不少："你呀，就是会说，考试失败都能被你说成好事。"

玥玥温柔地笑着，拉着小琦出了教室。

好不容易请来了小琦，可是要玩游戏，还缺阿莲。玥玥正着急呢，阿莲慢悠悠地走了过来。

"快点啊，阿莲，都等你半天了。"玥玥焦急地催促。

阿莲是个慢性子，只见她不紧不慢地说："就你会夸张，什么半天？我看最多不过一分钟！"

"一分钟，你以为一分钟很短吗？"玥玥说。

"不就是六十秒吗？当然很短啦！"阿莲笑着说。

"一分钟有多长，这就要看你是在干什么了。站在街口等人和坐在沙发上看电视，一分

钟给人的感觉是完全不一样的。"

玥玥的话一出口，大伙都被逗乐了。

小琦说："玥玥这张嘴，现在是越来越能说啦，简直是妙语连珠啊！对啦，借我一支笔，我要把这些话赶紧记下来，说不定下次写作文的时候能用上呢。"

小琦夸张地找纸和笔，逗得大伙都笑起来。

在大家面前，妙语连珠的玥玥出尽风头，可是，付出了多少努力才有今天的口才，也许只有玥玥自己知道。

以前的玥玥，嘴是很笨的，还曾经因为说错话而得罪过人呢！

那是两年前的事了。一天，妈妈和玥玥一起去超市买东西，正好碰到妈妈的上司也在买东西。

妈妈上前和上司寒暄。那位叔叔说自己晚上要出差，所以出来买点东西。

临走的时候，妈妈和上司道别，祝上司出差顺利。玥玥想给妈妈脸上增点光，就热情地对那位叔叔挥着手，心里想着跟他说些祝福的话。可是话到嘴边，就是说不出来，结果憋了大半天，才支支吾吾地说了句："叔叔……您……一路走好！"

玥玥的话一出口，那位叔叔的脸色一下子就变了，他愣了半天，才勉强挤出一丝笑容然后快步离开了。

上司一走，妈妈很生气地问玥玥："你怎么和人说话呢？"

玥玥还没反应过来自己哪里说错了："他不是要出差吗？所以我祝他一路走好啊！"

妈妈压住怒气说："傻孩子，那应该说'一路顺风'才对，'一路走好'一般是对去世的人说的！"

这两个词看起来差不多，原来竟有这么大的区别啊！

回到家里，妈妈跟爸爸说了这件事。爸爸也提起玥玥平时说话总是很冒失，不会用词。

"那怎么办啊？谁让我嘴这么笨！"玥玥委屈地说。

"没关系，好口才是练出来的，从今天起，你就要注意练习口才啊！"爸爸说。

"练习口才，怎么练呢？"玥玥好奇地问。

"很简单啊，你先从背课文开始，要想有话可说，就要储备很多词汇。"

"嗯，我知道了。"玥玥听取了爸爸的意见。

正好那段时间在学习《海燕》，玥玥就在自己的卧室里背了起来："在苍茫的大海上，狂风卷集着乌云。在乌云和大海之间，海燕像黑色的闪电，在高傲地飞翔……"

"停——停！"玥玥刚背了几句，站在门口的爸爸就喊停了。

玥玥回过头看着爸爸说："不是您让我背的吗，怎么喊停了呢？"

"你这样背可不行，"爸爸说，"要有感情地背。你瞧，《海燕》是多有激情的一篇散文诗啊。再看看你，都背成啥样了，跟念经一样，一点感情都没有。这样背下去，一会儿还不睡着了？"

哈哈，你别说，这样背课文，玥玥还真的有点犯困呢。

"那应该怎么背呢？"玥玥问。

爸爸拿起课本，大声地诵读了起来："在苍茫的大海上……听见没有，就是这样，声音一定要洪亮，要想象自己就在海边，正看着狂风大浪来袭呢！"

"嗯，爸爸读得真好！"

接过课本，玥玥学着爸爸的样子大声朗读起来。

背了几天，玥玥总算把《海燕》背熟了。

这天早上，玥玥一起床就觉得嗓子痒痒的。虽然有点难受，但是，今天老师要抽查课文背诵情况，玥玥可不想错过这个表现的好机会，她收拾好书包就赶紧去学校了。

语文课上，老师抽查了好几个同学，他们都没能把课文背出来。老师问大家："有谁能背出《海燕》来呢？"

玥玥激动地站起来，刚要背诵，一张嘴，发现声音竟然是沙哑的，连吐字都不清楚。

"玥玥，你的嗓子怎么了？"老师关心地问道。

"我……我……这几天一直在背课文，嗓子哑了。"玥玥觉得这是背课文惹的祸。

"背课文怎么会把嗓子背哑呢？"老师想了想说，"你是不是声嘶力竭地背来着？"

"爸爸说背课文要有感情，要大声，我就用尽全身力气地背。"玥玥用沙哑的声音回答。

老师微笑着说："背课文是要有感情，可要注意节奏和气息，不能扯着嗓子背。你回去好好休息一下，等嗓子好了，我再教你怎么背课文吧。"

过了几天，玥玥的嗓子好了，她就去找老师。

老师对玥玥说："你知道老师为什么让你们背课文吗？"

玥玥点点头。

老师接着说："背课文可不光是让你们记住课文，通过背课文，还可以提高你们的口语表达能力。"

"真的吗？"玥玥激动地说，"我就是嘴太笨了，不会说话。"

　　"不用担心，"老师说，"背课文的时候，你一定要调整好气息，不要扯着嗓子背。这样坚持下去，说话的时候才会更从容，心里想到什么，就能表达出来，而且，背熟了的课文里精彩的词语和句子都会储存在大脑中，可以随时调用！"

　　老师详细地给玥玥讲了用气的诀窍，还教了玥玥别的练习口才的方法，比如：多注意观察和积累，把自己喜欢的词句记在本子上，等等。

　　老师的办法真有效。经过一段时间的锻炼，玥玥脱口而出的妙语越来越多，她说话的语调也格外地吸引人。

刷刷姐姐
有话说

女生有内涵才能妙语连珠

你很羡慕那些妙语连珠的女生吧？她们到底是怎么做到的呢？

"读书破万卷，下笔如有神。"说话其实和写文章一样，只有自己看的东西多了，才能够说出有水平、有见解、有说服力的话。

如果你有一桶水，那么，给别人一杯是一件再简单不过的事情。可是，如果你的桶里没有水，你拿什么给别人呢？说话也是一样，你要有知识、有内涵，才有可能说出精彩绝伦的妙语。

缜密的思维，幽默机智的应答，准确的表达，这一切无疑都来源于头脑中广博的知识。那种不着边际的、没有什么实际意义的夸夸其谈不是真正的好口才的表现。

想增加自己的内涵，做到妙语连珠，你可以从以下几个方面下功夫：

1. 从书中获取知识。

学习是一生的事，要让自己的知识随时更新并积累下来。

2. 多看新闻。

看新闻可不是大人的"专利"，你不能做一个"两耳不闻窗外事，一心只读圣贤书"的女生。关注时事，可以帮助你积累更多知识。

3. 关注生活，加强生活积累。

很多女生在和别人谈话的时候，别人都不爱听她们说

话，原因之一在于这些女生缺乏生活积累，说的大多是一些不着边际或无意义的话。要想有好口才，加强生活积累显然很重要。

女生小攻略

女生的练声秘诀

要想提升表达的效果，练声是一种好方法哟！

有些人说话的时候总显得底气不足，出现口干舌燥、声音嘶哑等现象。科学的发音取决于科学地运气，这就涉及练声了。

练声也就是练声音、练嗓子。在生活中，我们都喜欢听那些饱满圆润、悦耳动听的声音，而不愿听干瘪无力、沙哑干涩的声音。因此，锻炼出一副好嗓子，对提升口才很有必要。练声

先练气，气息是人体发声的重要动力，就像汽车上的发动机一样，气息是人体发声的重要基础。气息的大小与发声效果有着直接的关系。气息不足，声音就无力；气息过大，声音听起来就不自然。在练习发声时，我们需要注意以下几点：

1. 吸气训练

吸气要深，小腹收缩，整个胸腔要撑开，尽量把更多的气吸进身体里。你可以试一下，就如同闻到一股香味时那样吸气。注意：吸气时不要提肩。

2. 呼气训练

呼气要慢慢地进行，要让气慢慢地从身体里呼出。我们在演讲、朗诵、辩论时，有时需要较长的气息，只有慢慢地呼气，才能达到这个目的。呼气时可以把上下牙齿基本合上，留一条小缝让气息慢慢地从口腔通过。

学习了吸气与呼气的基本方法，你可以坚持每天去练习，日久天长，定会见效。

3. 练发声

在练发声以前要做一些准备工作。放松声带，用轻缓的气流使声带产生振动，让声带做好准备。试着发一些轻的声音，千万不要张口就大喊大叫，否则就容易使声带受伤，就像我们在做剧烈运动之前，要做些准备活动一样。

声带活动开了，就可以做发声练习了。

吐字发音时，嘴唇一定要有力，气息一定要足，吐字一定要清晰。开始时慢一点没关系，但一定要准确，之后可以慢慢加快发音速度。

只要正确练习，坚持练习，你的吐字就一定会变得圆润、清晰，你的声音就一定会变得悦耳动听。

得体的肢体语言

8

人说话的时候，面部表情和肢体语言会给对方留下极其深刻的印象。紧张、疲劳、喜悦、焦虑等情绪无不清楚地表露出来。

过完年没多久就开学了，同学们都还沉浸在过年的快乐中呢，教室里，大家都在讨论着过年的趣事，自习课根本安静不下来。

"黄老师来啦！"

不知道谁喊了一声，教室里马上变得安静了，大家都装模作样地看着新发的课本。

黄老师并没有怒气冲冲地训斥大家，她微笑着说："你们既然不想看书，就别装样子啦。"

听黄老师这么一说，同学们都笑了起来，教室里的气氛一下子恢复到刚才的活跃状态。

黄老师接着说："看来你们这个年都过得不错呀，一定发生了很多有趣的事吧？"

"可好玩了……"同学们七嘴八舌地开始说起过年的事。

"好了，好了。"黄老师说，"既然过年有这么多好玩的事，那我们今天就开一个特别班会，请大家讲一讲过年的趣事，看谁讲得最好！"

"啊，即兴演讲啊！"有同学惊呼起来。

"怎么，让你们上台来讲，就害怕了吗？"黄老师笑着说。

"不怕！"同学们虽然说着不怕，但声音显然很紧张。

"大声一点，到底怕不怕？"黄老师大声地又问

了一次。

"不怕!"这一次,大伙终于提起了士气。

"那好,谁先来?"

黄老师一问,教室里又立刻安静了。每个人都把头埋得低低的,生怕被黄老师注意到,然后叫自己上去呢!

过了几分钟,只听见教室里响起刺耳的凳子摩擦地板的声音,大家转头一看,发现终于有人站起来了。

站起来的这个人是谁呢?竟然是淼淼。

同学们不由得吃了一惊,淼淼平时可是很胆小的,她怎么会有勇气第一个站起来呢?

只见淼淼径直走到窗户边,关

上窗户，准备回到座位上。

"她原来是去关窗户啊。"不知道哪个男生低声说了一句，教室里顿时爆发出笑声，压抑的气氛都被驱散了。

就连黄老师也被逗笑了："淼淼，我还以为你要上讲台第一个讲呢！"

淼淼红着脸，不好意思地挠挠耳朵，说："我是觉得风好大，太冷了，才起来关窗户的……"

"好了，没关系的。"黄老师说，"既然站起

来了，就说明你有足够的勇气，你就给大家开个头吧。"

淼淼只好硬着头皮上了讲台。

讲点什么呢？淼淼忽然想起和爸爸一起去亲戚家拜年的事。亲戚住在一个偏僻的小山村里，那儿至今还保留着过年逢人就作揖的习俗，这让淼淼觉得很新鲜呢！

好吧，就讲这件事吧。

淼淼一兴奋，就会习惯性地竖起眉毛、瞪大眼睛，做出一副很惊讶的表情。

"我给大家讲讲我和爸爸去拜年的事吧。你们一定想象不到，在我亲戚住的那个小山村里，人们还保留着过年逢人作揖的习俗呢，就像电视剧里演的古代人

一样，好奇怪！第一次看到有人给爸爸作揖，我都吓了一跳……"

勇气
惊讶
紧张

淼淼说着，一只手习惯性地叉在腰上，一只手挥舞着，很多夸张的表情和动作都出来了。

"哈哈哈……"

同学们笑成一团。

引大家发笑的不是淼淼说的事，而是淼淼的表情和动作。

淼淼讲完后，黄老师带头鼓起了掌。随后，黄老师说："我们先感谢淼淼给大家开了个好头。刚才很多人都笑了，你们是不是觉得淼淼的表情和动作很有趣呢？其实，我们每个人讲话的时候都会有一些习惯性的表情和动作出现，只是我们平时很少注意罢了。好的表情、动作能给我们的演讲加分，

不好的表情、动作就会起到相反的作用。大家以后一定要留意自己说话时的表情和动作。有空的时候，可以找一面镜子，对着镜子说话，自己纠正不恰当的动作。好了，我们有请下一位同学……"

没想到，黄老师竟然无意中给大家上了一堂口才课。

下课后，淼淼一个劲地追问同桌小蝶："我刚才的表情和动作很夸张吗？"

小蝶没说话，笑着离开座位，一只手叉着腰，竖起眉毛，直接模仿起来。

同学们一看，再次笑了起来，很多男生也跟着学起淼淼刚才的动作和表情来。

淼淼看后下定决心要改掉这些说话时的怪动作和表情。

回到家，淼淼第一件事就是请爸爸在她的卧室里放上一面大镜子。

爸爸说："怎么突然要大镜子啦？你这丫头什么时候开始臭美了！"

"我才不是臭美，而是要对着镜子练习表情和动作！"淼淼解释道。

淼淼给爸爸讲了在学校的经历后，爸爸赶紧行动，为淼淼的房间放上了大镜子。

以后，只要一有空，淼淼就开始在镜子前练习说话。

经过一段时间的自我训练，淼淼觉得自己的怪动作果然少了。但是这还不够呢，淼淼可不仅仅是想改掉坏习惯，她还要成为"表情达人"，让同学们刮目相看。

到哪里去学习演讲时合适的表情和动作呢？

淼淼看见电视上刚好在播放关于演讲的节目。

有了，就从电视上学习吧！淼淼开心地想。

一段时间后，淼淼学会了"招牌微笑"。她笑的时候连嘴角弯曲的角度都很讲究，这对于她的演讲很有帮助，能添色不少呢！

儿童节前夕，淼淼在国旗下的演讲让她成了全校的"演讲达人"。

刷刷姐姐
有话说

读懂肢体语言背后的信息

　　人说话的时候，面部表情和肢体语言会给对方留下极其深刻的印象。紧张、疲劳、喜悦、焦虑等情绪无不清楚地表露出来。比如：你说的话再精彩，如果表情缺乏自信，你的话也很容易变得苍白无力。

　　人说话时的表情和动作一般有哪些呢？它们传达了哪些信息呢？了解了这些，我们才能更好地使用肢体语言，为自己的口才锦上添花。现在，刷刷姐姐来一一告诉大家吧：

首先，是眼神。

无论是和一个人说话，还是和很多人说话，眼神的交流都是必不可少的。眼睛注视用得多的有三种：

1. 凝视。

集中目光看对方，使人感觉你很诚恳、认真。

2. 环视。

目光向前，有目的地扫一下听众，能让所有听你讲话的人都注意你。

可根据你的环视随时调整说话的语速、语调，把握语言的感染力。

3. 虚视。

不要死死地盯着一个地方看，尤其是和很多人说话的时候，"实"看某一部分人，"虚"看另一部分人，目光要兼顾到在场的所有人。

其次，是手势。

1. 手指。

"大拇指竖起"一般表夸奖，有时也表示高傲的情绪；"十指交叉"一般表自信；"背手"可给自己壮胆，也表示自信；"手叉腰"是一种不礼貌的动作。

2. 手掌。

一般而言，"手掌向上"表示诚恳、谦虚；"手掌向下"表示提醒、命令；"手掌向前"表示拒绝、回避；"手掌由内向外推"表示安慰；"劈掌"表示果断、有决心。

3. 手臂。

"手臂交叉"表示防御，"手臂交叉握拳"表示敌对，"手臂交叉并摊开手掌"表示有点紧张但仍努力控制情绪，"一只手握另一只手上臂，被握的手下垂"表示缺乏自信。

再次，是表情。

每个人都有面部表情。面部表情是最准确地反映人的思想感情的"晴雨表"。人的面部表情贵在四个字：自然得体。面部表情是人思想感情的"荧光屏"。说话时，面部一般要带着微笑，给人一种真诚的感觉。

控制面部表情的方法有两种，一种是"不可垂头"，人一旦"垂头"就会给人"丧气"之感；另一种方法是"缓慢说话"，说话速度缓慢的话，情绪会较稳定，脸部表情能得以放松，全身上下也能够轻松、自然起来。

最后，是站姿。

在与人交谈的时候，站姿的一般规范如下：两肩放松，重心平稳；抬头、挺胸、收腹、精神饱满；自然站立，稳定重心。

站姿大体上有以下几种：

1. 前进式站姿。

右脚在前，左脚在后，前脚脚尖指向正前方或稍向外侧斜，两脚脚跟距离在十五厘米左右。这种站姿重心可以随着上身前倾或后移的变化而变化，人不会因为站立时间长、身体姿势无变化而疲乏。另外，前进式站姿能使手部动作灵活多变。由于上身可前可后，可左可右，还可转动，所以手可以做出不同的姿势，表达不同的感情。

2. 稍息式站姿。

一脚自然站立，另一只脚向前迈出半步，两脚跟之间相距约十二厘米。使用这种姿势，形象比较单一，重心总是落在后脚上，但可以使身体在短

时间内松弛，得到休息。但不能长时间单独使用这种站姿，因为它给人一种散漫之感。

3. 自然式站姿。

两脚自然分开，与肩同宽。太宽显得不庄重，太窄则显得拘束。

此外，还有立正式、丁字步式站姿等。

需要注意的是，与人交谈时一定要避免做出消极的动作，如假声咳嗽、经常摸嘴、咬嘴唇、抖动腿脚、使胳膊交叉、回避目光接触等。

女生小攻略

肢体语言的"三忌"

肢体语言也有需要注意的地方。下面所讲的三点，要记住！

1. 忌杂乱

凡是没用的，即对表达你的思想情感无益的动作，如用手摸鼻子、随便搓手、摸桌边等都是多余而杂乱的身体动作，都不应该做。

2.忌泛滥

忌空泛的、缺少信息价值的身体动作，如两手在空中不停地比画。

双腿机械地抖动等，不但没用，而且还会让自己所说的话感染力降低。

3.忌卑俗

卑俗的身体姿势，带给人的视觉感受很差，且有损演讲者的形象。

不让直率成鲁莽

山中有直树，世上无直人。真正的聪明人不会因心直口快而自豪……谈话的禁忌有许多，这需要我们在日常谈话中不断总结、积累。

"雪丽,今天晚上小樱一家请我们吃火锅,抓紧时间把作业写完。"妈妈对正在写作业的雪丽说。

"好啊,很久没有吃火锅了,正馋着呢,小樱妹妹家就邀请我们,真是太好啦!"一听说要去吃火锅,雪丽的心里乐开了花。

等雪丽和爸爸妈妈一起来到餐厅时,小樱一家已经坐在那里了。

"小樱,好久不见啊!"雪丽激动地抱住妹妹小樱说。

"是啊,感觉你最近又苗条了,不像我……"小樱看雪丽还是那样苗条,不由得羡慕起来。

"哎呀,真的,你好像又变胖了。"雪丽吃惊地说。

听了姐姐说的话,小樱更加发愁了。

"来，赶紧坐下吃吧，菜都上来了。"妈妈把雪丽叫了过去。

吃饭的时候，小樱的妈妈非常热情，一个劲地帮雪丽夹菜。

"够了够了，阿姨，我都吃不下了！"雪丽连连摆手说。

小樱的妈妈一边夹着菜，一边说："没事，多吃点啊，瞧，你都瘦成啥样了！"

"我可不想长胖呢，要是长得太胖，我就不出门见人了！"雪丽脱口就说出这样的话。

雪丽的话一出口，小樱的妈妈愣在了那里，夹菜的手都不知道该往哪儿放了。

大家都被雪丽的这句话说愣了，妈妈赶紧出来帮雪丽解围："这孩子，口无遮拦，吃胖点有什么不好啊！"

爸爸也说："美不美可不能只从外表去看，重

要的是健康，如果为了减肥，营养跟不上，损害了健康，那就得不偿失了。"

听爸爸妈妈这么说，雪丽才发现自己说错话了，于是赶紧对一直不动筷子的小樱说："我不是说你呢，你还是挺可爱的。"

虽然大家极力夸赞小樱，说她聪明、善解人意，但是，一顿饭下来小樱都闷闷不乐的。

吃完饭后，雪丽的爸爸妈妈向小樱的爸爸妈妈致谢。

"这地方现在味道不行了，没有以前做得好吃了。"小樱妈妈说，"雪丽，你觉得味道怎么样啊？"

雪丽没多想，随口就说："还行吧，凑合着吃，反正我无所谓！"

雪丽的这句话又让大家陷入了尴尬。

回家后，妈妈问雪丽："你是不是对小樱的妈妈有意见啊？今天晚上说话怎么那么刻薄？"

"没有啊！"雪丽吃惊地说，"我怎么会对她有意见呢？"

"那你都说了什么话呀，什么叫'凑合吃、无所谓'啊？人家好心请我们吃饭，你那是什么态度啊？"妈妈有点生气地说。

"我……我的意思是我不在乎味道。总之，就是怎么都行。我能对她有什么意见啊！"雪丽觉得好冤枉。

"可是，话不能那样说啊，要懂得尊重人，就算真的觉得不好吃，可以少吃一些，但对人家的款待应该表示感谢！适当说一些赞美的话才是有礼貌的表现。"妈妈说。

"说话还有这么多讲究啊？直来直去不好吗？为什么非要绕那么多弯弯？这样活得多累啊！"雪丽说。

刻薄
赞美
叽叽喳喳

雪丽的话让妈妈更生气了，妈妈严厉地说："像你这样说话，你倒是痛快了，可你有没有想过别人的感受？照你这样下去，一定是要吃亏的！"

妈妈说完，就回自己房间了。雪丽愣在沙发上，心里委屈极了，心想：我就是这种性格，这叫"直爽"，有什么不好啊！我就看不上那些虚伪的人，说话拐弯抹角的，真让人受不了。

没过多久，在雪丽参加的钢琴培训班上，老师带来了一个和大家差不多年纪的女孩。

老师介绍说："这是我的女儿小曼，她刚刚考过了钢琴八级，你们都是同龄人，可以一起交流交流。"

听说小曼是老师的女儿，大家都围了上去，拉着小曼的手问长问短。有的说小曼长得好有气质，有的说小曼的手指好长，最适合弹琴了，有的问起小曼练琴的心得。

站在一边的雪丽仔细打量着这个叫小曼的女孩，只见她长着一嘴的龅牙，不说话还好，一开口，牙齿全部露出来，连红红的牙龈也露在外面，真不好看！

再看看自己的同学，一个个围着小曼说好话，雪丽心里就觉得别扭：你们不敢说真话，我敢，瞧我的吧。

雪丽来到小曼跟前，说："哎呀，你的牙齿怎么这么糟糕呀，没有矫正过吗？"

雪丽冒失的话让大家都愣住了。

小曼的脸瞬间就红了，泪水在眼睛里打转。她望了一眼妈妈，就走

出了教室。

"小曼，小曼……"钢琴老师一边喊着，一边追了出去。

同学们叽叽喳喳地小声议论着，大家都觉得雪丽刚才的话说得有些过分。

过了十几分钟，钢琴老师回来了。

一进门，钢琴老师就一脸歉意地说："对不起，我没有提前告诉大家，其实，小曼的心情有些低落。我特意带她来这儿，是想让她树立信心，多和人交流，没想到……"

啊，原来是这样啊！雪丽一听，头嗡的一下大

了，没想到一句直率的话，竟然伤害了小曼。

"老师，对不起，我错了，我一定会当面向小曼道歉的。您放心，我们一定帮小曼树立信心。"雪丽诚恳地说。

同学们都点点头，说："老师，我们会帮她的。"

钢琴老师向大家鞠了个躬，又说："那我先谢谢你们，你们都是好孩子。"

上完课后，雪丽跟着钢琴老师，特意到她家里给小曼道了歉。小曼虽然没有说原谅她的话，但是弹了一首很舒缓的曲子。

看来，小曼的心情好多啦。

雪丽特意向小曼请教钢琴弹奏的技巧，还给小曼讲了好多有趣的笑话。渐渐地，小曼开始接纳雪丽，并和雪丽成了无话不谈的好朋友。

这件事发生之后，雪丽决心要改变自己，决不再踏进"说话的禁区"！

谨防闯入说话禁区

为什么盘山公路一定要修成弯弯曲曲的呢，就不能直一点吗？

事实上，因为山势险峻，汽车要从山脚行至山顶，除了靠它自身的动力系统外，还必须靠盘山公路帮忙。盘山公路的最大好处就在于能尽最大可能地减缓坡度。这样一来，路程虽然远了些，却能让我们比较顺利地到达目的地。如果你开着车沿直线往上冲，到不了目的地不说，弄不好还落个"人仰车翻"。

这只是一个简单的生活常识，大家都

能明白其中的道理。可在现实生活中，很多女生却不能运用这个道理。

在某些情况下，心直口快的确是一种良好的品德。比如，好朋友有缺点和错误，在他还没意识到的情况下，为了不使他陷得更深，直截了当地指出来，使其尽快回到正确的道路上来，这就很有必要。

但是，若换成另外一些场合，心直口快就会惹来麻烦。比如，当你发现某个同学变胖了的时候，直截了当地说她胖，很容易伤害她的自尊心。

说话是有禁区的，谈话的禁忌有许多，不同的民族、不同的人的禁忌会有所不同，这需要我们在日常谈话中不断总结、积累。

1. 不要说粗俗的话。

文明用语是一个人自身修养的体现，文明的谈吐可以给交谈的另一方留下一个良好的印象。

2. 说话要注意区分对象和场合。

不同的人有不同的语言习惯，因此，在人际交往中，我们一定要看对象说话，对不同的人说不同的话。比如，

参加婚礼时，我们应该祝新婚夫妇白头偕老；在探望病人时，我们则应说些安慰的话。

3. 不要以自我为中心。

交谈是双方的事，应该形成一种交流的氛围，以自我为中心的人常常只说自己的事，而不顾他人感受。过分关注自我忽视旁人的人最终会变得孤独。

4. 不要说刻薄的话。

言语刻薄将影响我们的交际效果，让我们很难交到真心的朋友。

5. 不要辩论成狂。

有的女生把生活当成了辩论场，为了辩论而辩论，她们或许自己感觉很有趣味，而事实上，这样做只会让人产生厌恶感。

女生小攻略

克服"口不择言"的方法

克服"口不择言"的方法有许多，下面教给大家常用的几种方法：

1. 要学会多角度地考虑问题，不要执迷不悟，钻牛角尖，认死理。

2. 遇事要先多做调查，而不要妄下结论。

3. 涉及朋友秘密的事，要守口如瓶。

4. 要善于观察谈话中对方的表情。

5. 尽量将话讲慢一点。

演讲大赛

面对公众发表演讲是很多人没有勇气做的一件事。如果你能遵循演讲的基本原则，便能够克服恐惧，出色完成一场精彩的、让听众为之叫好的演讲。

　　岚岚在学校比较受关注。先来看看她骄人的经历吧：

　　五年级的时候，岚岚表演的单口相声《女生》力压群雄，获得全校"六一"文艺比赛的冠军，被人称为"相声女孩"；六年级的时候，她成为班里辩论队的选手，带领辩论队获得全校辩论赛的第一名。"相声女孩"华丽转身，变成了"超级小才女"。

　　如今，已经是七年级学生的岚岚，要向全校演讲大赛发起挑战了。

　　岚岚仔细地统计过全校口才好的学生，她最大的对手是七（2）班的男生小杰。小杰曾经是全校演讲比赛的冠军，实力不容小觑。

　　"岚岚，你得请我吃冰激凌哟！"好朋友婉儿神秘地对岚岚说。

"小丫头，我为什么要请你吃冰激凌啊？"岚岚问。

"因为我手上有你最想要的东西！"婉儿说。

"少卖关子了，什么好东西？赶紧拿出来吧。"岚岚盯着婉儿说。

婉儿从书包里掏出一张光盘，在岚岚眼前晃了一下。

"嘻嘻，不就一张光盘嘛，有什么神秘的，难道是唱片啊？"岚岚问婉儿。

"哼，不识货，我手里可不是什么唱片，而是一张演讲实况光盘！"婉儿噘着嘴说。

“演讲实况？不会是学校演讲比赛的光盘吧？我正四处找呢，你是怎么得来的？”岚岚激动地说。

“别激动，我可没说要给你呀，反正你也不想要。”婉儿摆出一副不肯给的姿态。

“哎呀，好了，我这就给你买冰激凌去，买最大的，总可以了吧！”

“好吧。这张光盘我可是辗转经过了好几个人的手才借到的！”婉儿说。

拿到光盘后，岚岚仔细研究了小杰演讲时的语速、表情和动作，心里感觉踏实了许多。她发现，小杰虽然咬字清晰，吐字有力，说话很有感染力，但是，他最大的缺点是感情投入不够，演讲时显得干巴巴的。她想：自己一定要在感情投入上下功夫，争取打动评委，这样演讲大赛的冠军就非自己莫属啦。

对了，要是能知道小杰参赛的演讲题目就更好啦。这样一来，自己就可以选择比他更煽情的题目，一定能打动评委。

岚岚第一时间还是想到了婉儿，婉儿不是有个表哥在七（2）班吗？可以让婉儿的表哥去探探底呀！

不出三天，表哥就带来了消息：小杰准备的题目是《平凡也是一种美丽》。

哈哈，这个题目好平淡啊，一个平凡人的故事，怎么会打动人呢？

针对小杰的题目，岚岚很快就拟好了自己的题目——《做生活的强者》。她会选择几个成功者的故事去感动评委。

选好题目后，岚岚似乎感觉到胜利就在眼前了，她只需等待比赛日期的到来。

全校最吸引人的年度活动——演讲大赛终于在这周五拉开了帷幕。

那天早上，操场上坐满了老师和学生。舞台上，为比赛预热的健身操表演正在强劲的音乐声中进行。

坐在比赛选手席上的岚岚悄悄向四周环顾了一下，看到这么多人在注视着舞台，她心里既紧张又兴奋。

教务主任宣布了选手的出场顺序，小杰最后一个出场，岚岚倒数第二个出场。

比赛正式开始了，选手们依次上台演讲，岚岚可没心思去听他们在说些什么，她觉得他们的演讲不会有什么特别的地方。岚岚一心在默默地背诵自己的演讲稿，琢磨还有哪些地方需要注意。

突然，台下爆发出热烈的掌声。

岚岚抬头一看，发现一个女孩正在演讲。她的声音听上去非常优美，就像电视台的播音员一样，手上的动作干脆利落，最迷人的是她的笑容既自信又从容……

　　啊，怎么会有这么厉害的女生呢？岚岚不由得吃了一惊，心里开始不停地打起鼓来：没想到，半路杀出个"程咬金"，失算啊，失算！

　　那个女孩的演讲越来越精彩。随着高潮的到来，台下的掌声一浪高过一浪，现场的气氛热烈极了。

　　而岚岚也随之紧张到了极点。完了，完了！岚岚心里就只剩下紧张。

　　岚岚偷偷瞄了一眼坐在身边的小杰：奇怪，他好像完全不紧张，正一边认真地看着那个女孩演讲，

一边激动地鼓掌。

岚岚心想：怎么会有这样的人！他还有心思为对手鼓掌？

岚岚的心里全乱了，该怎么办呢？

就在岚岚不知所措的时候，主持人叫到她的名字：该她出场了。

岚岚深呼吸，给自己打气："我一定要在气势上打败刚才那个女孩，开口第一句话就要镇住全场。"

站到台上后，岚岚用足力气说出了第一句话，不料，因为用力过猛，声音竟变了样，给人的感觉像一根钢丝划过光滑的玻璃。

台下有人喝起了倒彩，岚岚头上直冒汗。

岚岚再也不敢追求什么技巧了，糊里糊涂地演讲完就匆匆下了台。

比赛结果很快公布了，在岚岚前面演讲的女孩

获得第一名，小杰是第二名，
而岚岚，前十名都没进。

这次教训太惨痛了。

就在岚岚为这次比赛的
成绩伤心的时候，婉儿和她的表哥不知道什么时候
出现在她的身后。

婉儿的表哥一脸委屈地说："对不起，没能帮
上你。"

岚岚叹了口气，说：
"没关系，演讲失败，是
我的问题。"

婉儿的表哥关切地
说："知道你为什么会
输吗？"

岚岚摇摇头。

"我听了你的演讲，

觉得你太紧张了，一点都不自信。"婉儿表哥接着说，"虽然我对演讲也不太懂，但我有个好朋友可以算是演讲专家呢！他每次说话的时候都很从容、自信，他的话很有说服力，无论多危急的时刻，只要他说话，大家都会相信他。所以，我觉得你应该多学学他！"

听了婉儿表哥的话，岚岚恍然大悟。这次比赛，她太看重结果，把心思都花到研究对手身上了，一心想知道对手的演讲内容，而忽略了最关键的因素——演讲时的应变能力。

刷刷姐姐
有话说

如何做一场精彩的演讲

　　面对公众发表演讲是很多人没有勇气做的一件事。其实，如果你能遵循一些演讲的基本原则，便能够克服恐惧，开始一场精彩的、让听众投入的演讲。

　　那么，应该如何做一场精彩的演讲呢？

　　先从你的演讲目的着手吧。你的演讲是用来传播知识的吗？如果是，那么它的重点是什么？或许你的演讲目的是

呼吁听众为某事而行动起来，那么你希望他们采取什么样的行动呢？这些重要的内容是需要你在演讲中强调的。

接下来，根据演讲目的写出初稿。初稿完成后，要不断修改它。

演讲时，有好口才的女生会抓住要点。即使必须表达很多不同的想法，也要尽力将它们归纳成围绕主题的要点。

演讲是忌空洞说教的，你要在演讲稿中列举一些有用的资料和事实。在准备演讲主题时，你就需要把资料都收集起来，详细地分析它们，从中选取出最能表现演讲主题和要点的资料。

很多人担心会在台上忘词，那就尝试使用演讲卡片吧。在你演讲的时候，这些只写有要点和事例的小卡片能起到提示作用。即使在演讲的时候根本用不上演讲卡片，它们也能让你不紧张。

不过，演讲时紧张，也是正常现象。在进行演讲前，可以通过做一些简单的活动为自己打气，缓解紧张情绪，比如：深呼吸或在走廊里边欣赏风景边听音乐等。演讲过程中会有些什么不好的情况可能出现呢？放心吧，不外乎摔倒、打喷嚏、嘴巴干渴等。如果这些事情真的发生了，你只需保持镇静，面带微笑，用适当的话让它们变成令听众轻松一笑的题材，然后继续你的演讲。

如果你演讲的主题严肃、庄重，决定你不能笑，你可以在演讲前的几分钟闭上眼睛，想一下应该用什么适当的神态和语调来演讲。

女生小攻略

克服演讲紧张的秘诀

很多女生只要一面对听众，心就会怦怦直跳，紧张得舌头打结、全身冒汗，甚至头脑一片空白，准备好的发言都想不起来了。这时该怎么办呢？下面的小秘诀也许能帮你改变这种状态。

1. 口含温水

上台或者发言前的几分钟，可以含一口温水在嘴里，让它在嘴里停留一两分钟再喝下去或者吐掉，这样不仅能润嗓子，还能帮助放松口腔肌肉。

2. 手握小东西

演讲时，手里可以攥着钢笔、橡皮等物件，帮助缓解紧张的情绪。

3. 紧盯一个地方

发言时越东张西望，就越容易被观众的情绪影响。目光集中反而能够帮助你集中精力，专心表现。

4. 适当的肢体动作

在台上演讲时，不要站着不动，僵硬的身体会增加你的紧张感，所以，借助适当的手势来进行表达，会自然很多。另外，条件允许的话，在台上适当走动一下也会令你的演讲更具有亲和力，更受人欢迎。

5. 提前适应

人在面对未知事物时都会下意识的紧张，这是正常的，无需有太多压力。你可以把要演讲的内容记熟，提前

去演讲的场地内进行训练或者查看，原本令你紧张的事物就没那么可怕了。

6. 转移注意力

演讲时，把注意力放在如何把话说好，如何将手势表达得更明确，如何把内容表达得更好，把观点更明确地传达给听众等方面，而不是把注意力集中到控制自己的紧张上去，顺其自然，接受紧张感，不因紧张而畏惧，因为那只会让你越来越在意紧张，然后更紧张。记住，你是通过演讲传达你的观点，所以你只要把这当成一次跟观众的诚恳对话就好了。

11 秀出你的领导能力

能说会道、能言善辩、口才卓越的领导者，具有一种独特的优势。生活中，有些问题是由于沟通不当或缺少沟通引起的，如果不及时解决，问题可能会越来越严重。

爸爸在农村办了一个养殖场，小凤出生在那儿，从小就和动物们打交道，她最喜欢动物了。

小凤小学毕业时，爸爸的事业蒸蒸日上，在市里买了房子，一家人将搬到城里居住。

小凤不得不离开她心爱的小动物，到城里上中学。

小凤刚从乡下搬到城市，还没有完全适应城市生活，加上完全陌生的学校、老师和同学，她感受到前所未有的压力。

有一天，小凤正在教室里写作业，突然，教室里跳进来一只猫。这只猫全身的毛色都

是黑色的，它瞪着两只碧绿色的圆圆的眼睛，四处乱窜。

很多女生都被吓坏了，缩成一团尖叫起来。

这只黑猫也奇怪，专门在那些瑟瑟发抖的女生脚边窜来窜去。女生们高呼"救命"，几个男生拿着扫帚、拖把驱赶，结果惹怒了它，它跳起来抓伤了一个男生的手。

这下，大家都不敢轻举妄动了，黑猫得意地在地上打转。

小凤看到这情景，放下手中的作业，从书包里掏出一块吃剩的鱼片拿在手里，一边学着猫叫，一边慢慢向黑猫走过去。

黑猫看了看小凤，叫了几声，便试探着朝小凤走过来。

大家都屏住了呼吸，看小凤怎么制服这只黑猫。

驱赶
瑟瑟发抖
安静

黑猫舔了一口小凤手中的鱼片，叫了一声，便蹲下身子吃了起来。小凤用另一只手轻轻地摸了摸黑猫的头，黑猫一下子变得乖巧多了。

"这猫一定是饿坏了才会闯进教室的，谁能帮我找个纸箱啊？"小凤对同学们说。

有同学立刻去找纸箱了。看着小凤把黑猫放进纸箱里，大家都为小凤鼓起掌来。

有个女生走过来，问小凤为什么不怕黑猫。

小凤笑着说："动物是人类的好朋友，只要我们好心对待它们，它们就不会伤害我们。"

被这只黑猫一闹，女生们对小凤好奇极了，问起了好多关于小凤家农村养殖场的事。

小凤眉飞色舞地给大家讲着，似乎找到了以前的欢乐。

"这只猫该怎么处理啊？"突然，有人问起黑猫的事，小凤才想起待在纸箱里的黑猫。

"我先把它带回家吧，正好，我缺个伴呢。"小凤说。

过了几天，教室外面突然多了猫叫声，猫一直叫，吵得大家好烦。

"哎呀，那只黑猫的兄弟们找上门来了！"有同学开玩笑说。

不过，猫真的越来越多了，这可怎么办呢？

小凤不可能把它们都带回家啊！

"我们要给这些猫找到一个家。"小凤当着大伙的面宣布。

"嗯，我支持你，小凤，我们一起干吧。"柔柔第一个支持小凤。

随后，小凤在柔柔的带领下去社区咨询，还走访了一家动物爱心救助站。救助站答应帮助她们收留这些猫，但是需要小凤她们帮忙。她们给救助站宣传，让人们来领养这些猫。

回到学校后，小凤和柔柔商量说："仅凭我们两个人的力量肯定干不好这件事，我们成立一个'爱心宠物站'吧，招募一些志愿者，并向学校申请一间屋子，先寄养这些流浪动物，再把它们送到救助站做检疫，帮它们找到一个温暖的家。"

"太好了，这真是个好主意啊！"喜欢小动物的柔柔很支持小凤的提议。

接着，小凤开始与学校的领导和老师沟通，提出了自己建立"爱心宠物站"的想法。

学校的领导和老师很支持小凤，专门把学校的一间仓库腾了出来，作为"爱心宠物站"的临时场所。随后，小凤张贴了海报，招募爱心志愿者。第一天，报名的人就有十几个呢。

"爱心宠物站"成立后，小凤和其他志愿者们一起在学校的网站上创建了一个"关爱流浪动物"的网页，呼吁大家爱护小动物。他们把收养的小动物的照片和资料信息传到网上，以方便同学们领养。

"爱心宠物站"建起来后，学校周围的流浪猫和流浪狗的叫声明显少了，校园里出现了难得的宁静。

小凤因为这件事在学校备受关注，校长还特意在晨会上表扬了她。

不久，市电视台的记者得到消息，赶来采访小凤。当记者问小凤的领导能力是从哪里来的时，小凤说道："其实，我觉得要想做好一件事，就必须有良好的沟通能力。以前，我总是担心自己不会说

话，害怕说话，说得少，大家也就不太了解我。通过建立'爱心宠物站'这件事，我明白了，应该大胆地与人沟通交流。这件事使我相信，当一个人大声表达出自己的想法的时候，是会有很多人愿意帮他的！"

刷刷姐姐
有话说

让好口才凸显你的领导能力

缜密的思维与卓越的口才是每一个人成功的催化剂和加速器。

能说会道、能言善辩、口才卓越的人，能显示出一种独特的领导力优势。

如果你是一名学校社团的领导人，或者是学生会、班委会的干部，那么，你就时常需要与学校、老师、同学进行各种沟通。有了良好的沟通，办起事来你就感觉如鱼得水。要知道，许多问题是由沟通不当或缺少沟通引起的，如果不及时解决，问题就可能会越来越严重。

接下来，刷刷姐姐要和你分享成功的领导者具备好口才的几大要点：

1. 说话要有准确性。

任何一个领导者所说出的话，如果失去了准确性，他不但没有任何水平可言，还会失去大家对他的信任。

2. 态度真诚。

说服对方、感化对方是一个团队领导者经常要做的事情，态度真诚不但能说服对方，还能提升自己的领导形象，增加亲和力。

3. 以情动人。

成功的领导者说话应注意朴实无华、感情真挚。人说话通常是在试图以自己的情感影响别人。真挚的情感可以感染听众，使之按照你的意愿去行动。一般来说，朴实无

华的言语大多让人感觉情感真挚，过多的华丽辞藻只会给人一种虚伪的感觉。

4. 灵活运用知识储备。

要想拥有好口才，必须厚积薄发，即要多积累。没有积累，就像工匠没有砖、石、沙子、水泥、钢筋、木材等材料就造不出房子，杂技演员没有基本功就无法表演惊险的杂技一样。若没有充足的语言材料，就谈不上有好口才。知识储备是优质演讲的基础。此外，有了知识储备，还要学会灵活运用。

5. 做好调查研究。

你必须在讲话前深入细致地调查。如果在开口前不了解听众的想法，就不可能做到讲话内容充实具体、掷地有声，甚至可能会出现支支吾吾、左顾右盼的窘态，更别说应付现场随时可能出现的意外状况了。这样的讲话，不仅不能起到引导和感召的作用，反而还会使自身形象大打折扣。

6. 言行一致。

说一套、做一套的人不仅不能赢得别人的信任，还会给人留下虚伪的印象，得不偿失。注意：演讲时，谈论的内容要具体、真诚，且能够付诸行动，对事情有所助益，这样才能赢得大家的信任。

7. 力求简洁。

讲话内容要简洁明了，而且要中肯。忌漫无边际地延伸话题，也忌不断地重复不必要的话语，一旦让听众感觉乏味，就无法吸引他们的注意力了。

8. 不要夸口。

随意夸口会给人不庄重、不严肃的印象，并且容易将自己送入死胡同，无法回头。说话时，不但不能夸口或者言过其实，而且要为自己留有余地，这样才不用担心会发生让自己失信于人的事。

女生小攻略

有魔力的短语

一些短语是有魔力的，学会了这样的短语，可使你的表达能力上升一个层次。

每个女生都渴望成为演讲高手。如果你学会了这三个短语，那么你说话的感染力会增强不少。

这三个有魔力的短语就是"就像""例如""设想一下"。

举个例子，如果让你去劝别人别乱丢垃圾，你会怎么说？你当然可以说出乱丢垃圾的危害，如给清洁工造成很多的麻烦等。但是，如果加上这样一句话：

"设想一下，当你走路的时候，脚下突然粘上了一块口香糖……"那对方十有八九会捡起自己扔掉的垃圾。

还有，如果让人们描述宇宙飞船的速度，很多人会说一艘宇宙飞船的速度可以达到每小时多少万千米。对于这样的数字，多数听众是没有任何概念的。如果这样说："宇宙飞船的速度有多快，就像在不到两分钟的时间里，人们乘坐它就从北京飞到了上海一样。"这样，每个人的脑海里都会出现一幅很形象的画面，对数字有了具象的感受。可见，一个简单的短语有多么强大的威力。

在谈话中经常使用这类短语，会使你的语言变得丰富、形象、生动。如果你的谈话中出现了"例如"，听众可能立刻就被吸引住了。因为听众知道你要以一种形象、直观的方式来说明你的意图。

当然，具有魔力的短语还有很多，需要你自己去慢慢探索、积累。

在谈话中，如果你能再加入一些贴切的成语、名人名言之类的内容，那么，你的语言会又提升一个层次；如果你还能时不时地插入故事，那么你的感染力与吸引力就更强了。

如此一来，自己的口语表达能力，也就在无形中得到了提升。

女生，努力吧，学习并运用这些小技巧，你一定会是一个极具魅力的人。

刷刷

中国作家协会会员，儿童文学作家，江苏省优秀校外辅导员，江苏省十大优秀科普作家之一。主要作品有《向日葵中队》《幸福列车》《八十一棵许愿树》《星光少年》等。作品入选"优秀儿童文学出版工程"、"向全国青少年推荐的百种优秀图书"、"中国好书"月度好书等，曾获江苏省精神文明建设"五个一工程"奖、桂冠童书奖等。有多部作品被改编为儿童广播剧、儿童音乐舞台剧、儿童电影、百集儿童校园短剧等。